部屋がゴチャゴチャで、毎日ヘトヘトなんですが、二度と散らからない片づけのコツ、教えてください！

西崎彩智
漫画　りゃんよ

すばる舎

はじめに

とりあえず見えないようにしまおう!!
キッ!
ギュッ
ソース
マヨネーズ
ギュッ
ゴム
ふっーきれいに☆なったー♪。
テレビ見よーっと
フンフンフーン
ゴソ
ゴソ
あれ リモコンどこ?
あ あったよ…
!?
……(泣)
ぐちゃ

✦片づけてもすぐ散らかる

片づかない部屋にいると、本当にストレスが溜まりますよね。


「片づけてるのに、すぐ散らかる！」

「メチャクチャで、足の踏み場もないーー」

「どうすればいいの……」


これは、12年前の私が感じていた気持ちです。

かつて私の家も「片づかない家」でした。片づかなくなったのは、離婚協議がきっかけ。

平日は仕事や家事をドタバタとこなし、部屋をしっかりと片づける暇はありません。

とりあえず、目に触れない場所にモノを置いたり隠したりするなど、パパッと整頓し、リビングのテーブルにあるモノが減ればよし。

でも、これだと片づけても片づけても、すぐ散らかります。きれいが続かないんです。

「あー、私ってダメだな」と散らかった部屋を見ながら自分を責める日々……。

こんな状態から抜け出したいと考え、ある日、「エイッ！」と片づけをしようと決めたのです。今思えば、これが運命を変える大きな一歩となりました。

✦このポイントを押さえれば実践できる

忙しい毎日を送りながら、

「どうやれば、部屋を片づけられるのか？」

「どうすれば、片づいた状態を維持できるのか？」

これは私たちが1万件を超える相談を受けるなかで、多くの方々から聞かれる質問です。


私も片づける前は、どこから手をつければいいのか、どのようにやればいいのかわからかず途方に暮れていました。

もともと私は面倒くさがりで、ちょっと気が緩むと洗濯物もためてしまうタイプです。片づけ上手だったわけではない私が、試行錯誤しながら見つけた方法だからこそ、現実的で実行しやすいのではないかと思います。

本書でご紹介する現実的な方法で、ぜひ取り組んでみてください。大丈夫、ちゃんとできますよ。くれぐれも片づけを諦めないでくださいね。

✦なぜ、片づけが進まないのか？

ところで、せっかく「片づけよう！」と思い立ち、本を読んだり、セミナーに参加したりしても、なかなか実行に移せないことがあります。

なぜなのか？　それは、紹介されている片づけ方が「家の実情に合わない」ことが原因です。

一例を挙げると、

- 家の間取りと合わない
- 家族構成が異なる
- モノを捨てるよう推奨されているが、なかなか捨てられない
- 紹介されている家具や収納グッズを持っていない

この結果、どこから手をつければいいかわからず、遅々として進まない。そんな状態に陥りがちです。いかがでしょう。思い当たる点はありませんか。

これでは、やる気がうせてしまってもおかしくありません。

このような理由から、生活感がない家をモデルにするのは避けてほしいのです。

✦暮らしやすさを優先したい

本来、部屋を片づける目的は家族みんなが生活しやすく、住み心地のいい家にするためです。生活するわけですから、ある程度、モノがあるのは当たり前です。

むしろ、生活感を隠すために、例えばリビングで頻繁に使うものを廊下の納戸にしまうなど、**「取り出しにくい&戻しにくい場所」に置いてしまうと散らかる原因になってしまうのです。**

おしゃれでなくても、必要なモノをすぐ取り出せて、戻しやすい家具を選んで使うことのほうが、はるかに大事なんです。

「片づいた家」にする早道は、家族にとって暮らしやすい、片づける手間のかからない家にすることです。この出発点を間違えないでくださいね。

✦「きれい」がずっと続くわけ

現在、私はコンサルタント業の他、片づけを習慣化する講座を実施しています。

その講座にはこれまで2000名を超える方々が参加され、**1年後も片づけ習慣を身につけている方々は97％に上ります。**

なぜ、ここまで高い数字を出せるのか？　**それは、自分の家の「実情に合ったやり方」で片づけていただくからです。**

例えば、Sさんは、ある片づけコンサルタントに10万円で、納戸の中を片づけてもらったそうです。白いカラーボックスを使い、整然と片づけられた納戸を見てホッとしたのもつかの間、非常に使いづらく家族から不評だったそうです。

結局、使ったモノを誰も元に戻さなくなり、納戸の中が再びゴチャゴチャになったそうです。

Sさんは、家族の意見を聞く大事さを痛感したといいます。

これは納戸のみならず、居室や水回りなどにも当てはまります。

その後、Sさんはセミナーにお越しになり家族の意見を取り入れながら、片づけを実践されました。部屋が片づくのみならず、お子さんの片づけ意識が高まって、自立への一歩につながったそうです。

また、片づけに関する資格を取ったにも関わらず、自分の家はなぜかきれいにできなかったのがＡさんです。

ノウハウを知っただけでは、実践できないことを痛感したＡさんは、片づける目的を明確にするために、どのように暮らしたいのか、そのイメージを徹底して描くことで、片づけを成功させました。その後、片づけに関する仕事を手がけるようになり、雑誌の取材を受けるまでになっています。

最後にご紹介するＫさんは、複数の片づけ講座に参加しても実行できず、

「最後の砦です！」

とおっしゃって参加されました。

仕事が多忙で片づけまで手が回らず、長年、ストレスを溜めていたとのこと。すでに、片づけセミナーを卒業されてから2年経ちますが、先日お会いしたところ、

「片づいた状態が、ずっと続いています——!!」

と嬉しそうに話されていました。**家が片づいてからは、お子さんやご主人が家事に協力するようになり、自分の時間ができるようになったといいます。現在は、さらなるキャリアアップ**

のために勉強中とのこと。


片づけた直後がきれいなのは当たり前。大事なのは、ずっと続けられることですよね。

本書では、実践しやすいように極力、現実的なやり方を紹介していきます。

片づけ方に加えて、きれいが続く「片づけ習慣」についてもお伝えします。4コマ漫画を用いて楽しく、わかりやすくお伝えするのでお楽しみに。

さあ、ご一緒に「ずっときれいが続く！」片づけを始めましょう。

そして、花開く素敵な人生を手に入れてください！　心から応援しています!!

2023年11月吉日

西﨑彩智

「片づけ実例」の紹介

1年後も97%の人が「きれい」を維持できるワケ

- モデルハウスを目指さない
- ご自身やご家族が管理できる量であれば、いくつモノがあってもOK

目指したいのは……

必要なモノをサッと取り出せて戻しやすい

「片づけが簡単でリセットしやすい家」です！

モノだらけのダイニングが、ワゴンの設置で生まれ変わった！（40代・子ども1人）

Before

ダイニングテーブルの上に、とりあえずモノを置くのが習慣になっていた。常時、テーブルとイスが見えない状態に……。

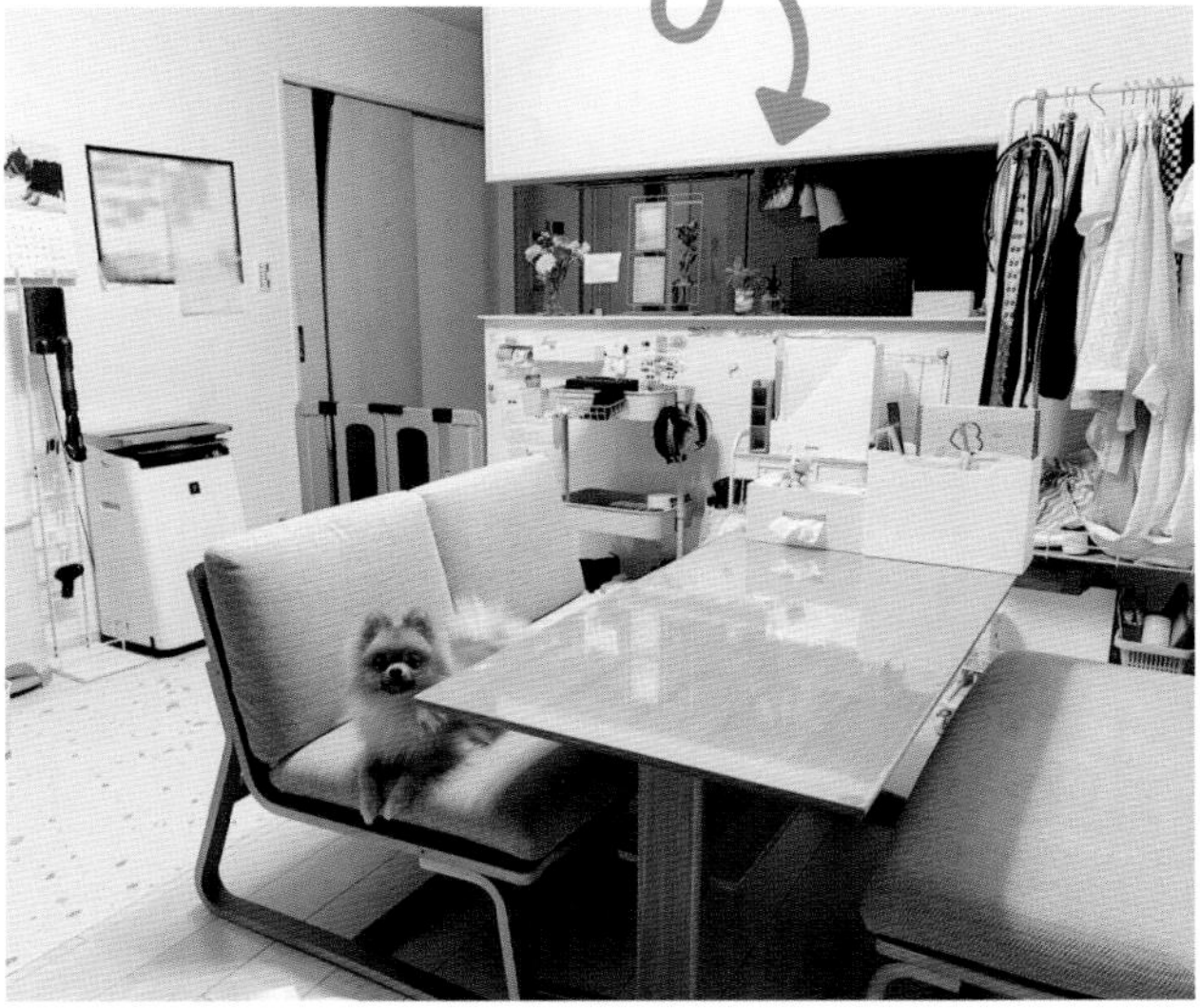

After

モノの住所を決め、横にワゴンなどを設置したことで、理想のダイニングルームに。愛犬が一番くつろいでいるかも♪

「片づけルール」を決めたら、家族の意識が高まった！（40代・子ども4人）

Before

家族がモノを色々な場所に置くため、どことなく散らかった雰囲気になってしまう。

After

「モノを減らす」と「床にモノを置かない」。この2つを実行することで部屋が片づき、きれいが維持できるようになった。

「床が見えない！」から脱して、ゆっくり休める部屋へ♪（40代・子ども4人）

Before

夫婦の部屋のはずなのに、事実上、奥様の寝るスペースがなく、もう何年もソファ生活に。仕事の書類、服が散乱している。

After

必要なモノのみを残した結果、スッキリした部屋に生まれ変わり、熟睡できるようになった。

「開かずの間」を片づけたら、リビングが開放的に（50代・子ども5人）

Before

リビング横の和室にモノを詰め込んでいたため、障子を開けられなかった。

After

日の光が入り、風通しが良くなった。開放的な空間になり居心地がとても良くなった。

イライラするリビングから、家族の「笑顔を生み出す」リビングに変身！（30代・子ども2人）

Before

落ち着かないリビングで毎日イライラ。在宅での仕事中も集中できない……。

After

モノを手放し、適切に収納することでスッキリした。仕事もはかどり、家族が笑顔で過ごせるように！

「仮置き」をやめたら、キッチンが生まれ変わった！（40代・子ども3人）

Before

必要なモノを定位置を決めずに置いていたら、モノで溢れてしまった。

After

歯の健康を守りたくて、家族の歯ブラシを置くことに。モノの定位置を決めると共に、必要最低限のモノのみ置くことに決めた。

「低めの収納棚」を増やしたら、子どもが進んで片づけるようになった（30代・子ども4人）

Before

右側にラックはあるものの、収納しづらくて使いこなせていなかった。床にモノが落ちていない環境を作ることが課題だった。

After

きれいな部屋をキープするためにも、「不要なモノを置いていないか」「子どもたちにとって片づけやすい仕組みになっているか」を点検している。

ゴチャゴチャして物置き化していた部屋が、「家族の書斎」へ大変身！（40代、子ども2人）

Before

「どこに置いたらいいか迷うモノ」や「後でやろうと放置していたモノ」は全てこの部屋に押し込んでいる状態。

リビングやダイニングに散らかっているモノも、来客時は全てこの部屋に隠して開かずの部屋に。

After

不要品を選別し、空間ができたこの部屋は家族の書斎へ。

子どもの勉強机を移動したことで、子どもが帰宅後は勉強部屋、日中は、夫婦のワークスペースへと生まれ変わる。

本棚を整理し、必要な書類は収納ボックスに入れることで、空きスペースも確保できた。

リビングに床置きされていたカバンもバッグコーナーを作ったことでスッキリと収納。リビング手前の部屋に「掛けるだけ」の収納にしたことで床置きすることもなくなった。

片づけが苦手な
「編集者S」も、やってみました！ part1

はじめまして、本書の編集をしているSです。この度、10年前に引っ越した家がみるも無残な状態で散らかり続けているため、西﨑先生の片づけ講座を受講して、片づけを開始することにしました。
片づけステップは次の通りです。

ステップ1　写真を撮るなど、環境を可視化する
ステップ2　「どんな暮らしをしたいか」をイメージする
ステップ3　必要なモノのみを残す
ステップ4　家族がよく使うモノの位置を決めて配置する

とくに大事なのが、〈ステップ1と2〉でした。熱しやすく冷めやすい私は、「さあ！　頑張るぞ」とゴミ袋を用意して片づけ始めるものの、いろいろな雑事が発生するうちに、「まあ、いいか～」と中途半端な状態で終えてしまうことに。当然、数日で部屋はグチャグチャに。思いつきで片づけ始めるので、モチベーションも上がりません。

その点、**〈ステップ1、2〉をやっておくと、片づけの改善点もはっきりするので、片づけに弾みがつきます！**

さらに、片づけ後の素敵な暮らしをイメージすることで、
・モノの手放し方
・モノの定位置
この2つの基準も明確になってくるので、まさに鬼に金棒状態です。〈ステップ1、2〉、すごい！　一例として私の体験の一部をご紹介します。

ステップ1 環境の可視化（→写真を撮りました）

→家中を客観的に見ることができます
→改善点を探しやすくなります

最初にやっておきたいのが撮影です。
片づけたい部屋の「全体像」に加えて、「引き出しの中」まで撮影するといいそうです。我が家の場合、Beforeがひどすぎるので、Afterが楽しみになりました！

さらに、その日の「成果」、つまり「手放したモノ」などの写真を撮っておくと、モチベーションが上がりました！

ステップ2 「どんな暮らしをしたいか」イメージする

→さらにやる気がわきます！
→「手放すモノ」の基準を決めやすくなります

正直、考えたこともありませんでした！　仕事をして、家事＆子育てをして寝る。その繰り返しでした……。ここではキビシイ現実はいったん脇に置き、「なりたい自分」をイメージします。ちょっとした「癒しタイム」になりますよ♪　ゴールがはっきりすると、片づけがサクサク進みます！

〈ステップ1〉では、こんなふうに、写真を撮りました！

リビング編

10年前に購入したカラーボックスに何でも詰め込み、モノがあふれています。収納場所が明らかに足りませんが、放置していました。もはや限界、手を打たねば。

Before

引越した当初、まだ娘は生まれていなかったのですが、今では小学校に通いだし、学校関連の紙類が増えました。図書館で借りた本の置き場所がなくて、ソファの脇に仮置場を作って、しのいでいました……。

キッチン編

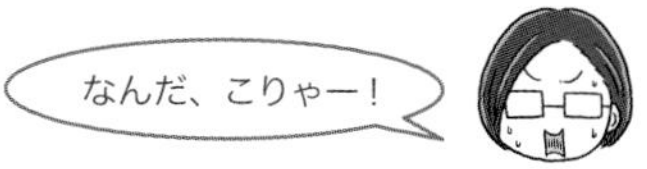

食器棚がメチャクチャです！　引き出しや棚の中もゴチャゴチャで、同じモノがいくつもありました。買ってきたモノを空いている場所にとりあえず入れるなど、仮置きがクセになっていました。

Before

ポイント

コレでやる気が出ました！

毎日の片づけの「成果」を撮っておくと、やる気が持続します。他人には単なるゴミに見えても、立派な「成果物」なんですよね。

〈ステップ2〉では、こんなふうに、イメージしました！

きれいになった部屋で、「どんな自分になりたいか」をイメージする段階です。普段は、ストレスだらけで、そんなイメージを持つ時間もありませんでした。トホホ。現実は脇に置いて、「本当は、どんなふうに暮らしたいのか」を下記のフォーマット（89ページ参照）に書いてみました！

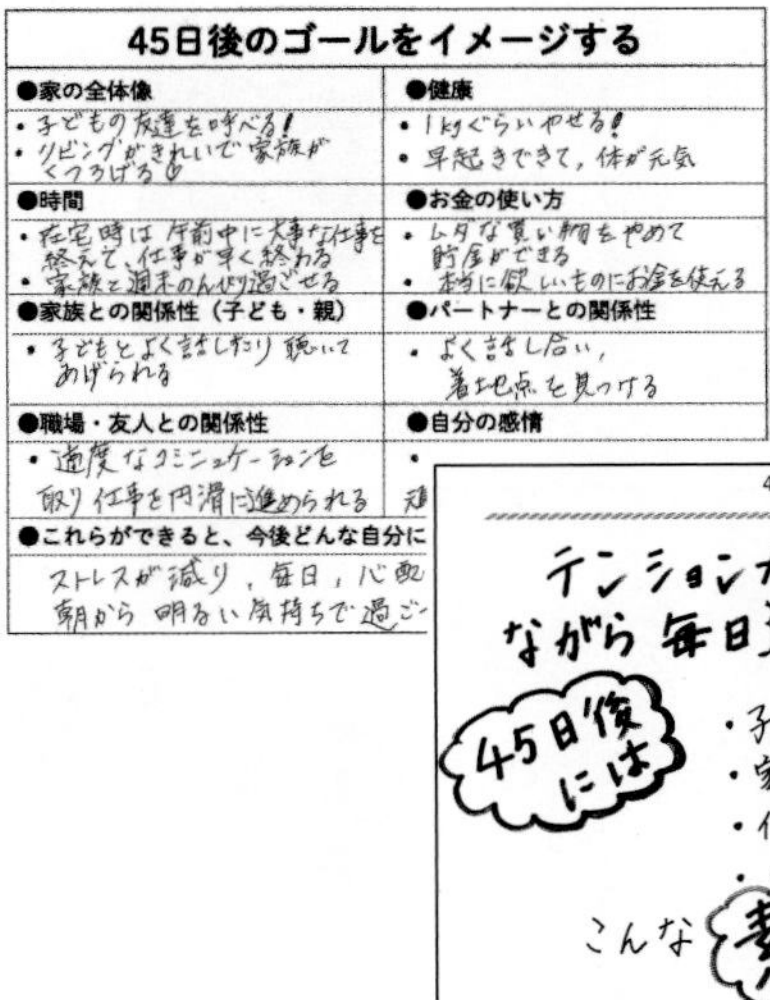
45日後のゴールをイメージする

●家の全体像	●健康
・子どもの友達を呼べる！ ・リビングがきれいで家族がくつろげる	・1kgぐらいやせる！ ・早起きできて、体が元気
●時間	**●お金の使い方**
・在宅時は午前中に大事な仕事を終えて、仕事が早く終わる ・家族と週末のんびり過ごせる	・ムダな買い物をやめて貯金ができる ・本当に欲しいものにお金を使える
●家族との関係性（子ども・親）	**●パートナーとの関係性**
・子どもとよく話したり聴いてあげられる	・よく話し合い、着地点を見つける
●職場・友人との関係性	**●自分の感情**
・適度なコミュニケーションを取り仕事を円滑に進められる	・

●これらができると、今後どんな自分に

ストレスが減り，毎日，心配

朝から 明るい気持ちで 過ご

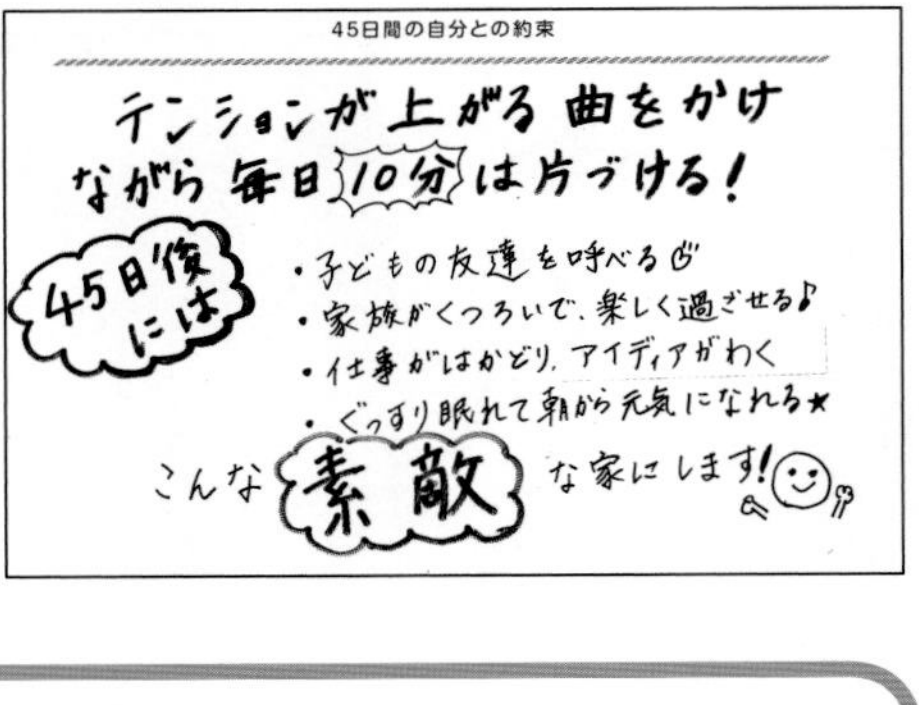
45日間の自分との約束

テンションが上がる曲をかけながら毎日10分は片づける！

45日後には

・子どもの友達を呼べる

・家族がくつろいで、楽しく過ごせる♪

・仕事がはかどり，アイディアがわく

・ぐっすり眠れて朝から元気になれる★

こんな素敵な家にします！

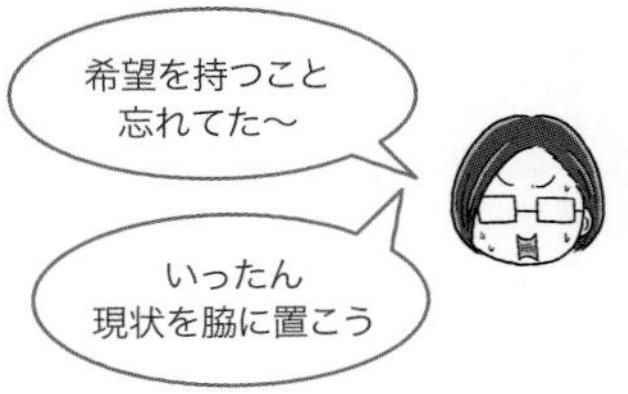

これらの準備の後、〈ステップ3、4〉へ進みます！

（詳細は本文をご参照ください）

結果的に、何年も散らかっていた
部屋が片づきました！

After

カラーボックスの代わりに、新しい「収納棚」を購入しました。また、ソファ前のテーブルに長年、眠っていたカップボードを置き、趣味のコーヒーカップを並べました♪　ソファ脇にあった本置き場は、窓側に移し、「ミニ本棚」を設置することにしました！

目次

部屋がゴチャゴチャで、
毎日ヘトヘトなんですが、
二度と散らからない片づけのコツ、
教えてください！

プロローグ

どうしたら、散らからなくなるの？

このコツを知れば大丈夫！

第1章

「最初に」何をすればいい？

ココから始めると、うまくいきます

第2章 「きれい」が続く秘けつはコレ！

二度と散らからない方法は？

第3章

もっとモノを減らしたい！

モノを「手放す」コツがある

第4章

「見つからない」「戻しにくい」「だから散らかる！」

「モノの置き方」次第で、散らからない部屋になる！

第5章

毎日の「リセット習慣」で、きれいを保てる

リバウンドしない方法は？

第6章

「私だけ疲れる〜」から解放されたい

よりラクになり、家族と楽しく暮らせるヒント

装丁――小口翔平＋畑中茜（tobufune）
レイアウト――青山風音（tobufune）
4コマ漫画――りゃんよ
本文イラスト・図版――草田みかん
図版――青山風音（tobufune）、ベクトル印刷
執筆協力――前川陽子
漫画組版――谷澤孝一（有限会社クリィーク）

プロローグ

どうしたら、
散らからなくなるの？

このコツを
知れば大丈夫！

1

ちゃんと片づく「4つのステップ」

やりやすいオススメスポットは食料庫
よし！
うわ～そういえばこんなの買ってたわ!! もったいない
あ、もう賞味期限近い…!!(泣)
高級カツオ
小麦粉
やだ～賞味期限切れてるこれも～!?
ポイ
ポイ
もったいないーー
10分後
ふ～う!!
とりあえずこんなに出てきてスッキリー!!
これから気をつけよ
どん

✦ 4つのステップで進めよう

まずは、片づけの手順を紹介します。
ステップはシンプルで、この4つです。

ステップ1　環境の可視化をする〈写真を撮る・スケジュールを書き出す〉
ステップ2　「どんな暮らしをしたいか」をイメージする
ステップ3　必要なモノのみを残す
ステップ4　家族がよく使うモノの位置を決め、配置する

とくに大事なのは、ステップ1と2です。本格的な作業に入る前の「準備段階」ですが、このステップを踏んでおくと、片づけの成功率がグッと高まります。

〈ステップ1〉では、部屋の状況を客観視するために「写真を撮る」。片づけに費やす時間を洗い出すために「スケジュールを書き出し」ます。

とくに写真を撮っておくのは有効です。撮影はスマホでかまいません。撮った写真を見ると、肉眼で見ているときにはわからなかった点がパッと見えてきます。

さらに、荒れている現状に直面することで、「逃げている場合ではない」「やらなきゃ！」という思いをもつことができます。ちょっとしたショック療法にはなりますが、この思いをもつかどうかで、差がつくのも事実です。

なお、片づけを成功させた方の中には、「汚かった部屋の写真を目につく場所に貼っています。これを見る度に、ひどい状態に戻りたくない！　と思って、片づけるようになるんです」と話す方もいます。片づけ前後、どちらにも役立つ写真撮影。ぜひやってほしいと思います。

さらに〈ステップ2〉では、暮らしのイメージをできるだけ具体的に描きます。これによって「必要なモノを残す」ときや、「モノを配置する場所を決める」ときにとても役に立ちます。イメージを描くときのコツをご紹介するので、参考にしてみてください。いずれも詳細は次章から詳しく紹介していきます。

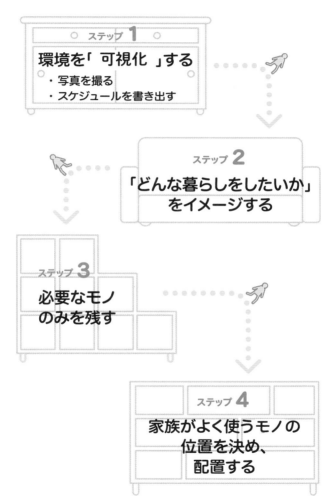

片づけの手順は4つ！

ステップ 1

環境を「 可視化 」する

・写真を撮る
・スケジュールを書き出す

ステップ 2

「どんな暮らしをしたいか」をイメージする

ステップ 3

必要なモノのみを残す

ステップ 4

家族がよく使うモノの位置を決め、配置する

✦ 45日間での片づけをオススメする理由

片づけるといっても、毎日、何時間もかけることはできませんよね。ですから、1週間かそこらで、すべての部屋の片づけを終えることはできないと思います。

そこで、すべての居室や水回りや納戸を片づけるとき、皆さんにオススメしている一つの目安が45日間です。

私が実際に片づけてみて実感したのは、1カ月では短すぎるものの、2カ月以上だと集中力が続かない、ということです。やるべきことが次々とやってくるなかで、ある程度、見通しを立てながら、やるべきことを調整していけるのが1カ月半ではないか、と思うのです。

もちろん、もっと短期間でやりたい方や、すべての部屋ではなく、「キッチン、リビングをやりたい」というように限定した場所を片づけたい方もいらっしゃると思います。

片づけを始める理由や事情は人それぞれですので、実情に合った現実的なゴールを決めて片づける期間を決めましょう。

いずれにしても大事なのは片づけをやりきること。そのためにも、いつ終了させるのかと

Before

After

いう日時を事前に決めておくことが重要なのです。

✦キッチンから始めるといい

なお、〈ステップ3〉のモノを残す作業とは、「いる、いらない」を選別する作業のことです。これには時間も手間もかかりますから、どこからやればいいのかわからない方もいると思います。

「大変だなー」と感じた途端、やる気が萎えてしまうもの。

そこで、皆さんにオススメしているのが、短時間で達成感を味わえる、キッチンの食料庫、すなわちストック棚の整理です。まずは10分でいいのでやってみましょう。実際に

やっていただくと、

「びっくりするほど出ました!!」

と皆さん、苦笑しながら話されます。何が出たのかというと、賞味期限切れの食べ物です。

「5年前の海苔が出てきました一」

「買ったこと、忘れていました」

「こんなにムダ使いをしていたなんて！」

と驚くやらがっかりするやら。安いから、なくなると困るからという理由で買い、ポンとストック棚に入れ、知らぬ間に賞味期限が来てしまう。この繰り返しで失ったお金のいかに多いことか……。たった10分間ではありますが、多くの発見に満ちた熱い時間になりますよ。ぜひ、挑戦してみてください。

CHECK

片づけ前の〈準備〉で成功率が上がる

2

「毎日10分」の片づけで、家がスッキリしていく

実は片づけって大きな仕事じゃなく
片づけ
でーん
10分×たくさん
フフ…♡
10分の積み重ねなのよ♡
積み重ねかー…
もう少しだけやろう
全部じゃなくていいから
できることを
あれ…けっこう片づいてるかも
いろいろできるな♪

✦まとまった時間をあてにしない

かつて私の家も「片づかない家」だというお話をしました。

離婚協議成立までの2年ほどは特にひどかったです。片づかない状態が続き、私は、いかに自分が面倒くさがり屋で大雑把であるかということを思い知らされました。

そもそも家が片づかないのは、全てを後回しにするからです。「明日やろう」、「週末にやろう」、「月末にやろう」……、果ては、「時間ができたらやろう」。

断言してもいいです。

そんなにまとまった時間がとれることなんて絶対にありません。

それに、もしも頑張って「まとまった時間」が取れたとして、それを片づけのために使うなんてもったいないと思いませんか？　せっかくなら大切な人と旅行したり、自分の好きなことをしたりする時間にしたいと思いませんか？

かつての私は、いつもイライラしていました。週末になるまで家事をため込んで、バタバタ、バタバタする週末を迎えるのが本当に嫌だった。自分のことは、全て後回し。「家族はそれぞれ好きなことをしているのに、どうして私ばかりがこんなに忙しいの？　何もかも放り出したい！」と思ったこともしばしば……。
本当は、「休みの日」は家族みんなとのんびり過ごす日にしたかった。ただ、それだけでした。

✦こうして片づけを習慣にしていこう

それなら、どうすればよかったのか。今の私なら、わかります。一番大切なことは「ためないこと」。ためていいことなんて一つもありません。

例えば、私はアイロンがけが大嫌いです。嫌いだと、ついついためこんでしまいますよね。私もかつては、5枚、10枚ためこんでいました。

楽しいことなら、30分かかっても、1時間かかっても、鼻歌でも歌いながらできる作業かもしれません。でも嫌いなことだと、苦行でしかないわけです。

忙しいからといって、スキップすればするほど、未来の自分に負荷がかかるんです。今の自分ができないのに、未来の自分ができるわけがないですよね。未来の自分に期待してはいけないんですよ。

片づけも同じなんです。ためこむから嫌になる。「私は一体、何をやっているんだろう」、そう自分を責めたくなる。

矛先は自分だけじゃなく、家族にも向くでしょう。そんな自分がまた嫌になって、ますます自分を責めてしまう。もう、負のループです。この負のループから抜け出すためにはどうしたらよいのか。その方法はただ一つしかありません。

それは、発想を転換すること。

「面倒くさがりな自分が、どうすればできるのか」。そういう発想を持つこと。

自分を変える必要はない。習慣を変えればいいだけ。

そう。今の自分が、「できる習慣」を見つければいいんです。

✦まずは一歩を踏み出そう

片づけ下手な人ほど、片づけを「一世一代の大仕事!」と思っている傾向があります。かつての私もそうでした。でも、大仕事だととらえるから、一歩が踏み出せなくなってしまうのです。**だからこそ発想を変えて、できることから始めてみましょう。**

・毎日、寝る前に必ずキッチンの食洗機から食器を出してしまおう

・ネットショッピングで買い物をしたときに出る段ボール箱はすぐに畳んで捨てよう

・仕事から帰ったら、お仕事バッグは必ず自分の部屋にしまおう

まずはこんな小さなことからでいいんです。どれも、5分程度でできること。これを積み重ねていくと、目の前の景色が変わります。そして、目の前の景色が変わっていけば、説得力が生まれます。

とはいえ、毎日10分程度の片づけを45日間やれば、家がスッキリきれいになるかというと、それは現実的ではありませんよね。

でも、とくに初めの一歩を踏み出すとき、この10分の意義はとても大きいのです。

ちょっとした片づけでも、

「あ、私、できたじゃん。変われたじゃん」

必ず自信が生まれ、「またやろう！」という気持ちにつながります。

これを次の日も、その次の日も……というように、どんどん経験していくと、やがて抵抗なくスッとできるようになっていくんです。**今日、今、この瞬間から、「10分でできること」を始めてみませんか？**

CHECK

毎日のちょっとした習慣で、ためこみ癖はなくなる

3

コレで時間、お金、ゆとりが生まれる

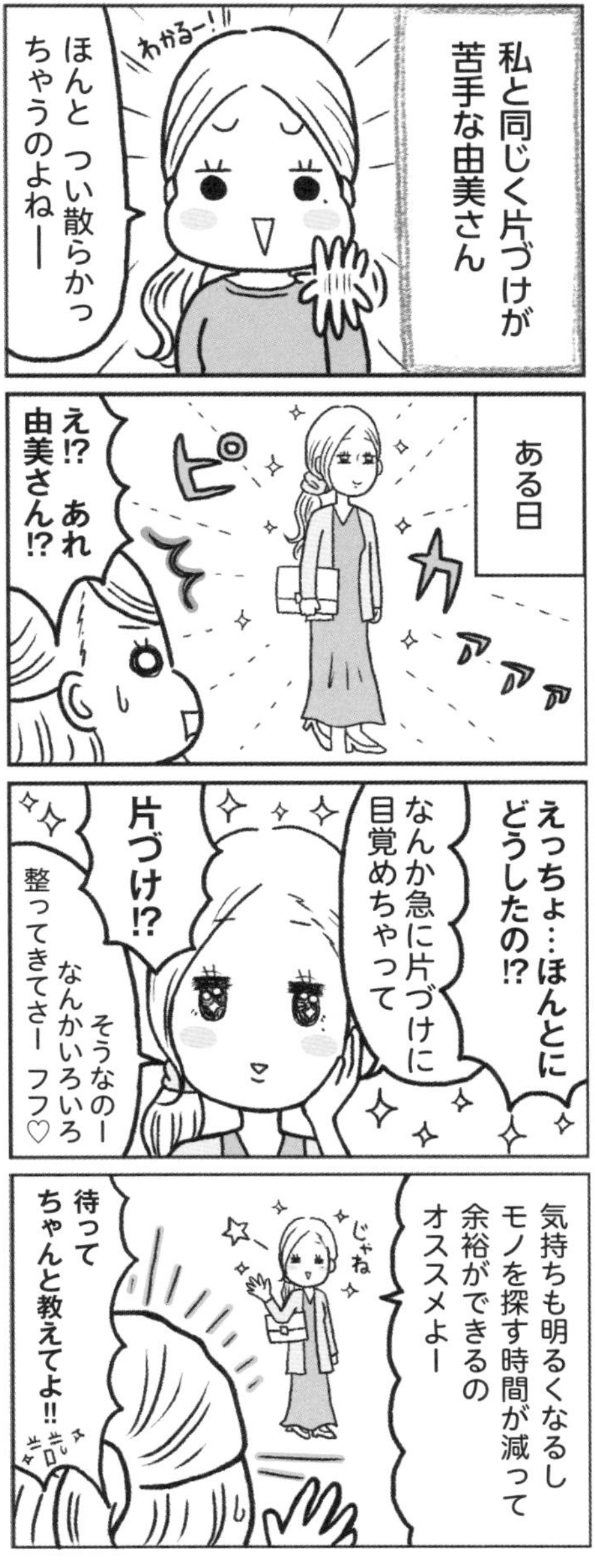
私と同じく片づけが苦手な由美さん
わかるー!!
ほんと つい散らかっちゃうのよねーー
ある日
ピカァァァ
え!? あれ由美さん!?
えっちょ…ほんとにどうしたの!?
なんか急に片づけに目覚めちゃって
片づけ!?
そうなのー なんかいろいろ整ってきてさー フフ♡
気持ちも明るくなるし モノを探す時間が減って 余裕ができるの オススメよー
じゃね
待って ちゃんと教えてよ!!

✦片づけたらいいことしか起こらない

これまで私は片づけに関して多くの相談を受けたり、片づけ講座を実施して、多くの女性たちに「片づける秘訣」をお伝えしてきました。

その結果、長年うまくいかなかった片づけが成功し、心地いい部屋を手に入れ、人生を上向かせる女性たちが増えています。

嬉しいことに部屋を片づけることで、自己管理能力も高まるんですよ。

家が片づくことで、気持ちにゆとりが生まれ、時間の使い方が変わっていきます。自分の時間や家族と過ごす時間が増えるうえに、ストレス出費が減っていき、本当に使いたいことにお金を回せるようになっていきます。本当にいいことづくめなんです！

ぜひ、いいことだらけの片づけ習慣を一刻も早く身につけましょう。

次に紹介するのは、片づけができるようになった女性たちの声の一部です。ぜひ、皆さんも実感してほしいと思います。

✦前向きになれる

「リビングがきれいで、朝から気持ちがいいです！」

「片づけのプロといわれる資格まで取ったのに、自分の部屋は片づけられませんでした。でも、ようやく片づけられるようになり、自分に自信がもてました！」

「帰宅後も、部屋がきれいなのでホッとします」

「イライラが減り、子どもから『最近、笑ってることが増えたね』と言われました」

✦時間を有効に使える

「週末を片づけに費やす必要がなくなり、自分の時間がもてるようになりました」

「資格の勉強をするゆとりができ、キャリアアップすることができました」

「探しモノをしなくなりました」

「やる気を待たなくなりました」

「本来、やるべきことに時間を使えます！」

「本を読む時間ができました」

「家族と一緒にキッチンに立つことが多くなり、会話が増えました」

「キッチンのコックピット化に成功！　キッチンに立つ時間が3分の1に減りました！」

✦浪費しなくなり、本当に欲しいモノにお金を使える

「買う前に『本当に必要なのか？』を考えるクセがつきました」

「セール品に飛びついて、同じモノを何度も買うという無駄をやめられました。浪費が減り、本当に欲しいモノを買っています！」

「何がどこにあるかがわかるので、『とりあえず』の思考で買い物しなくなりました。100均に行かなくなった」

「モノが少なくても大丈夫だと思えるようになった。損したくないという、妙な不安感がなくなりました」

「在庫管理ができるので、無駄なことにお金を使いたくない！　という意識が高まりました」

✦家族とのコミュニケーションが深まる！

「一度はきれいにしてもすぐに散らかり、悩んでいました。今は家族も一緒に片づけてくれるので助かります」

「自営業の夫の仕事を手伝う時間ができ、喜ばれています」

「夫と不仲で離婚寸前でしたが、部屋を片づけたら関係がグンと良くなりました！」

「自分が片づけなくてはという、イライラが減ったので、穏やかな会話ができます」

「子どもの宿題をみてあげられるようになりました」

「『忙しいからあとにして』と言わずにすみます！」

CHECK

片づけると、いろいろなことがうまく回り出す！

第1章

「最初に」何をすればいい？

ココから始めると、うまくいきます

1

片づけには順番があります！

✦順番を間違えないことが大切

今までたくさんの「片づかない家」を見てきて思うことがあります。その一つが、片づける順番を間違っていることにあります。

片づけ始めると、収納のためのボックスやケース、棚などが欲しくなるものです。この「収納場所を確保しよう」という発想はやめましょう。これだと、「今ある不要なモノ」まで、そこに押し込むことになりかねません。その結果、「あれ、どこにしまったんだっけ」が多くなる。見つからないから、またモノを買い足してしまう。結果、どんどん無駄なモノが増えていくんですよね。収納スペースを増やせば増やすほど、管理する手間が出てきますし、「あれっ、ここに置けないや」と収納ボックス自体が無用の長物になることすらあります。**順番を間違えてはダメ。「収納場所を確保」する以前にやるべきことがあります。**

では、これから具体的にお話ししていきましょう。

CHECK

収納グッズを買うのは後でいい

2

写真を撮って可視化しよう

よーし部屋の現状を記録に残すぞ～…
ぐぉぉぉ 汚い～ 目がくさるう～
いや いつもの部屋だよ
人が来たときはこう見えてるってことよね…
やるっきゃないわ!!!
やるわよー!!
片づけ後
見て！ ここからきれいになったよー

✦引き出しの中まで撮れたらベスト

ここからは、どのように片づけを実行していったらいいのか、具体的なやり方について紹介していきます。

まず、第一にやってほしいことは、「環境の可視化」です。

どのように可視化するのか。とても簡単です。「今の家の状況」を「ありのまま」写真に撮っていただくのです。

講座の受講生の方には部屋全体はもちろん、クローゼットの中、引き出しの一つ一つに至るまで、全て写真に撮ってもらいます。

言わば、片づけ前の「ビフォー」の状態をしっかり認識することが大切だからです。「ビフォー」が最悪であればあるほど、片づけで手に入れた「アフター」は、かけがえのないものになります。

写真って、良くも悪くもすごく客観的に「今」を写すもの。

片づけた方々の中には、この「写真を撮る」ことのハードルが一番高かったとおっしゃる方がたくさんいらっしゃいます。

「皆さんに自宅を撮影してきていただきます」

と私が言うなり、見目麗しく、凛とした佇まいの女性が私を端の方に引っ張って行ったことがありました。

「いや、私、まずいです。本当にできないんです」

と泣きそうな声でおっしゃるのです。

その方、「美」をお仕事にされている方で、いつもその方の美の秘訣をさまざまなＳＮＳで発信されているような方。

「大丈夫、みんな、同じですから。このハードルをクリアできないと、スタートラインに立てませんよ」となだめすかして、ようやく撮ってもらったところ、彼女の美しい佇まいからは、まるで想像がつかない完璧な「汚部屋」でした。

よくよく聞いてみたら、ベランダに干しっぱなしの洗濯物を取りに行かないと着替えられない、でも下着すら見つけられないから、バスタオルを巻いてベランダに出て行くこともしばしば、とのこと。

「どうしたらいいかわからないんです、私自身が受け入れることができないくらい本当に汚い

んです」

と今にも泣き出しそうだった彼女でしたが、ちゃんと片づけることができました。

受講を終えて、片づいた家を手に入れた彼女は、

「片づいたら、夫とけんかすることもなくなりました」

と教えてくれました。片づけは、家族の和も生み出すものなんですよね。

彼女はビフォーの写真と、アフターの写真を並べて、家で一番目立つところにコラージュしているのだと嬉しそうに話してくれました。仕事で辛いことがあったり、へこんだりしても、ビフォーの写真が彼女を励ましてくれるのだそうです。

「大丈夫、私、あのときもできたじゃん」と。

片づけが苦手な

「編集者S」も、やってみました！ part2

片づけ前に
ココを撮りました！

ポイント1　部屋の「全体像」を撮る

ポイント2　棚や「引き出し」の中を撮る

→部屋を客観的に見てみると、
「改善点」が一目でわかります！

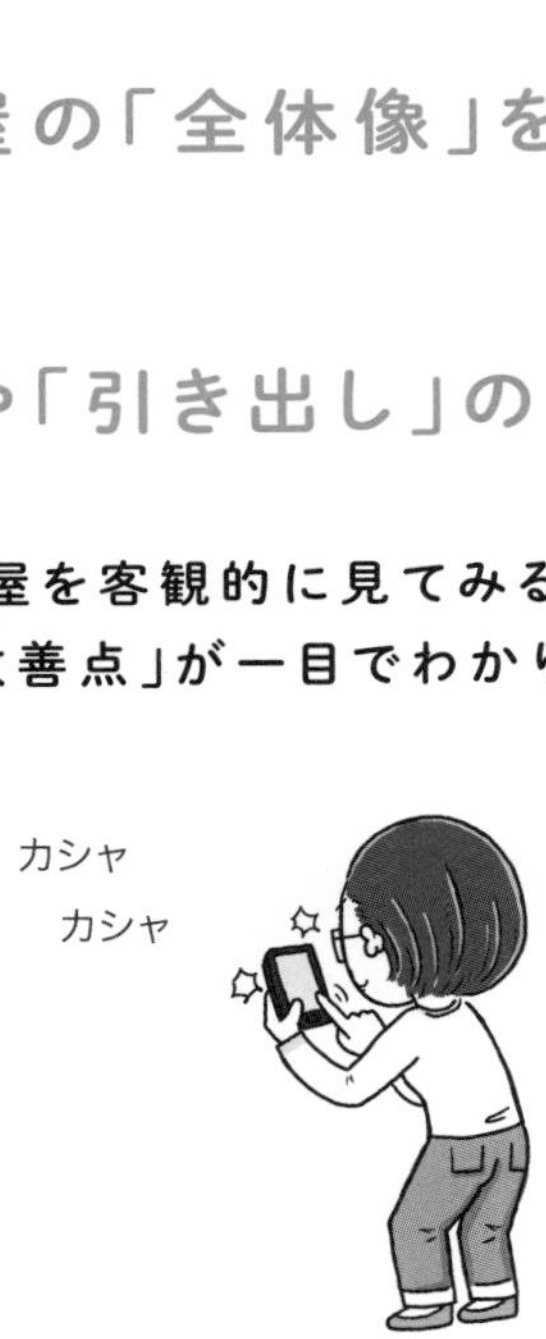

Before〈リビング〉

全体像を撮ります

写真で見ると、たくさんの問題が見えてきます

Before〈リビング・棚〉

「棚の中」も撮ります

思ってたより、ゴチャゴチャしてるなと大反省……

Before〈キッチン・棚〉

この状態では、欲しいモノが見つからないはずだわ。

同じモノをたくさん買っていそう。何年も使っていないモノも入っているかも。

Before〈キッチン・引き出し〉

どこに、何があるの〜!!
ここから、「工具を探して」なんて言ったら夫も怒るわ。

Before〈リビング・棚〉

見るのもイヤ〜。
子どもが学校で配られた手紙や書類などを詰め込んでいます。いつもスグに見つけられなくて……。
子どもが整理下手なのは、私のせいか〜！

感想

写真を撮って良かったです！
客観的に見ることで、シビアになれます。思い切ってモノを手放す気持ちになりました！

✦「次、どうする？」に切り替わる

講座では、皆さんが撮影してきた「現状」を参加者限定ＳＮＳグループで共有していただきます。この「共有」にも意味があるんです。

皆さん、恐る恐る出してくる写真、まあ、大体同じくらいのレベルで片づいていないんです。そこで、まず「あ、私だけじゃないんだ」と少しだけ安堵する。そこがスタートでいいんです。

ここまで読んでいただければ、もうおわかりですよね。

ダメなのは決してあなただけじゃない。

そこから、「ダメな自分だったんだね」」、そう受け入れるのが大切です。受け入れて、「しょうがないね、ダメだったね」」、そこから「次どうする？」に気持ちを切り替えればいい。

そんな、**「次どうする？」に気持ちを切り替えるためにも、いったんご自身の環境を、しっかり可視化することをオススメします。**

本来は、すべての部屋や水回り、納戸やクローゼット、玄関のほか、それぞれに設置している家具や棚の引き出しの中まで写真を撮っておくのが理想です。

もし、「そこまで手が回らない」という方は、キッチン、リビングなど、特定の場所でかまいません。**「絶対にきれいにしたい！」と思う場所や、家具の中や引き出しの写真を撮っておきましょう。**見るに堪えないほどゴチャゴチャしているのは、みんな同じ。ここから出発しましょう。

✦「片づけの成果」を写真に残すのもオススメ

片づける前の写真を撮ることに加えて、その日の片づけ状況や、ゴミ袋などを写真に撮っておくのもオススメです。

実際、受講生の皆さんには、その日に出た不要品を撮ってもらいＳＮＳグループに投稿してもらいます。片づけの達成感はゴミ袋の大きさに比例します。

「こんなにありました！」「たくさん出ました！」「私、頑張りました！」

と皆さん、嬉しそうにコメントを載せて写真をアップされます。

終了までの長いプロセスの中では、ともすると、かえって部屋がゴチャゴチャになってしまう時期もあります。とくに、「いるモノ、いらないモノ」を選別する段階は、部屋の中がモノだらけになるため、散らかるのが当たり前です。

子どもやパートナーに、「散らかってない？」と言われるのもこの時期です。そんな出口の見えない状況で、支えになってくれるのが、「片づけの成果」を表す写真です。

たとえゴミ袋1つでも、片づけが進んでいる立派な証です！

ぜひ、「1日の成果」を写真に撮って眺めながら、「今日もやれた。すごいぞ私〜！」と頑張ったご自分をねぎらってあげてください。

たかが写真1枚であっても、素晴らしい成果です。ぜひ、日々の写真を見ることでモチベーションを高めてみてください。

CHECK

片づけ前後の写真を撮っておくと、成果が見えて、やる気アップ！

3 片づけに使う時間を洗い出す

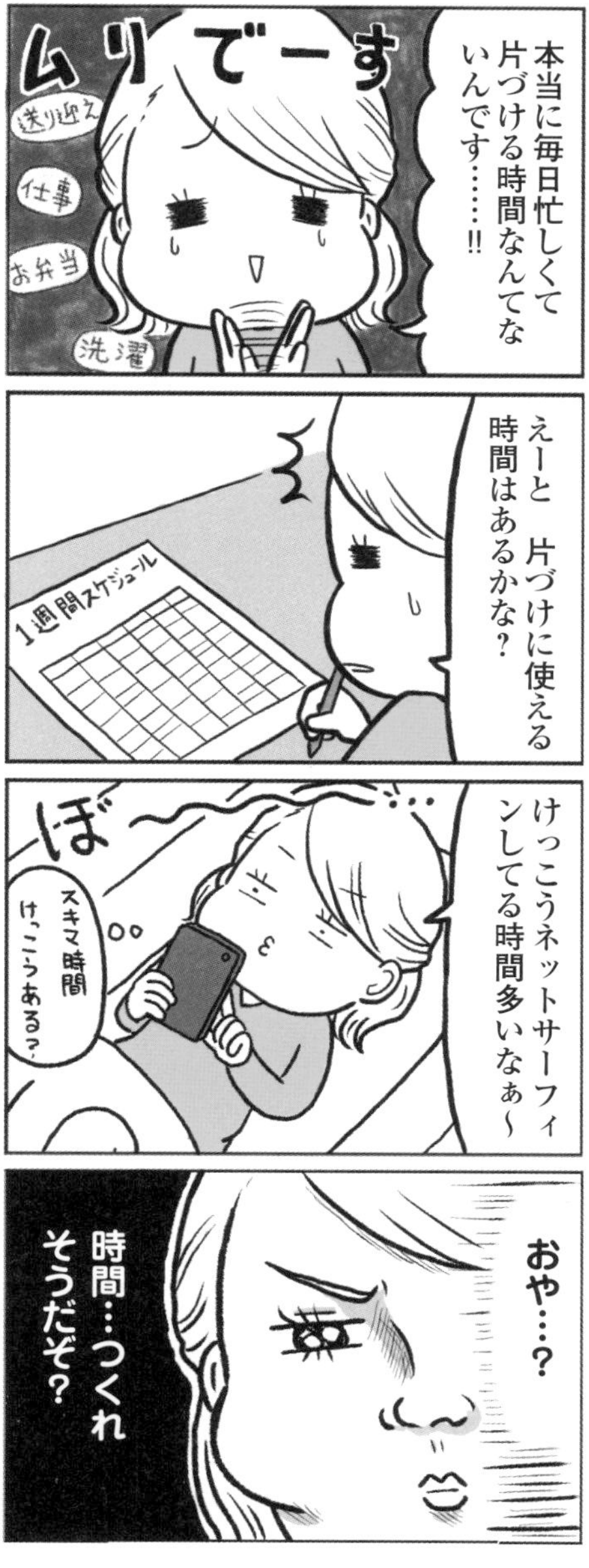
本当に毎日忙しくて片づける時間なんてないんです……!!
ムリでーす
送り迎え
仕事
お弁当
洗濯
えーと　片づけに使える時間はあるかな？
1週間スケジュール
けっこうネットサーフィンしてる時間多いなぁ〜
ぼ〜
スキマ時間けっこうある？
おや…？
時間…つくれそうだぞ？

✦生活を振り返り、時間の使い方をチェックする

もう一つ明確にしてほしいのが、片づけに使う時間がどのぐらいあるかです。

忙しい私たちは、たくさんの時間をかけるわけにはいきませんよね。

仕事、子育て、家事、介護……いろいろなやるべきことが山積みです。

かつて私も仕事から帰って家事をこなし、子どもたちが寝るまでの間は1分の休みもないと思っていました。1分どころか、1秒たりとも息をつける時間がないくらい忙しい、そう感じていました。

でも、待って。毎日の生活の中で、だらだらしていたり、「もうこんな時間が経っていた！」と思うことはありませんか？

ある主婦の方は、すきま時間を探していたら、毎日、昼寝の時間を取っていることに気づいたそうです。

「自分が昼寝していることに、初めて気づきました！」

と驚かれていました。

仕事をしている方であれば、昼寝のように長い時間、休むことはできませんよね。

でも、ネットサーフィンをしていて、けっこう時間が経っていた、なんてことはありませんか？

探してみると、意外と片づけに当てられる時間は見つかるものです。できる範囲で、それらの時間を片づけに使ってみませんか？

片づけは、10分でできることを探すことから始まります。ぜひ諦めずに、時間を探してみてくださいね。

CHECK

時間を可視化してみると、スキマ時間があることに気づく

4

片づけがはかどる！「時間帯」と「やり方」

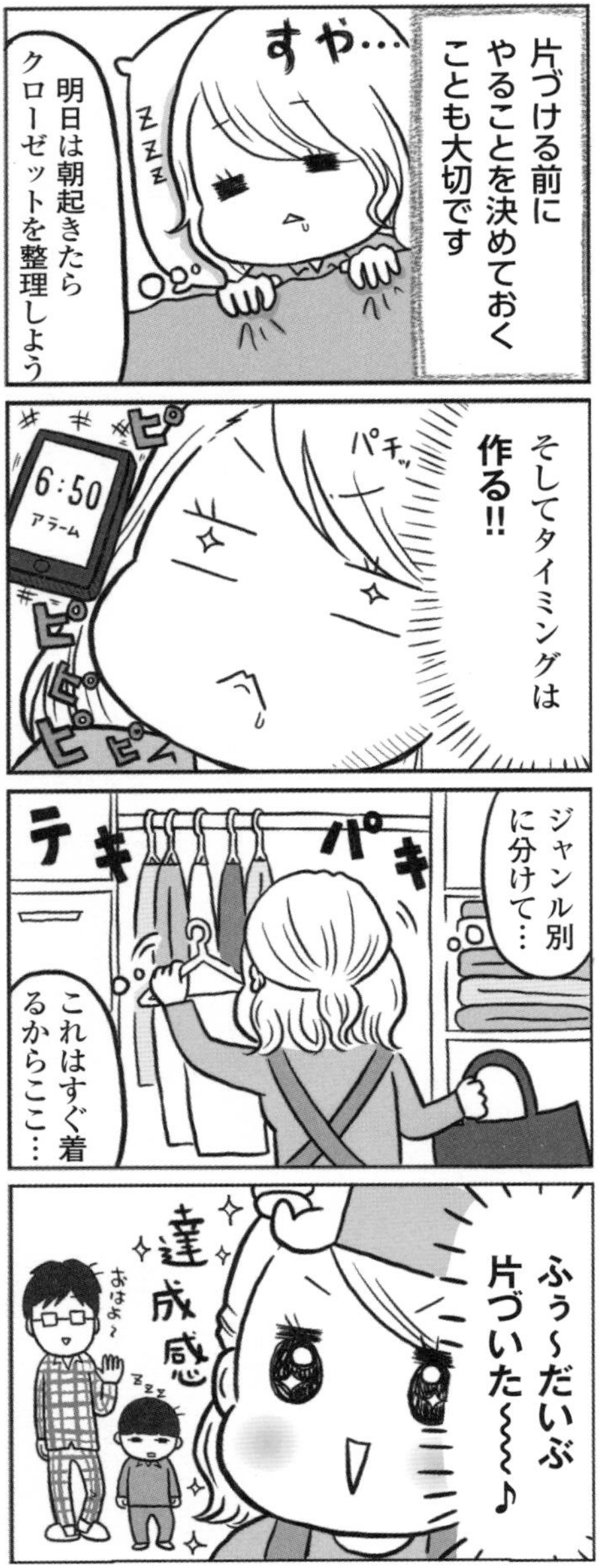
片づける前にやることを決めておくことも大切です
すや…
ZZZ
明日は朝起きたらクローゼットを整理しよう
そしてタイミングは作る!!
パチッ
6:50
アラーム
ピピピ
テキパキ
ジャンル別に分けて…
これはすぐ着るからここ…
ふぅ〜だいぶ片づいた〜〜〜♪
達成感
おはよ〜
ZZZ

✦片づけの「タイミング」を見つけよう

片づけを適切に進めていくためには、ご自身の取り組みやすいタイミングを見つけておくことが大切です。

例えば、お子さんがいるご家庭だと、どうしても生活がお子さん中心になるので、お子さんが起きる前や、幼稚園や学校から帰ってくる前など、**一番動きやすいと思えるタイミングを見つけておきましょう。**

私が特にオススメしたいのは、「朝」。いわゆる「朝活」でしょうか。朝は、自分も家族も家を出る時間、つまり行動の締め切り時間があるので、ジャッジも行動のスピードも速くなります。

一方で、あまりオススメしたくないのは「夜」。夜は、1日の疲れが脳に及んでいるので、判断力が鈍ります。

朝、受講生の皆さんとオンラインでつなぎ、約2週間、10分の片づけに取り組みます。朝は大体において、エンジンがかかりにくい！　そこに無理やりエンジンをかけて、皆で一斉に片づけに取り組むというわけです。

「よーいドン！」で10分間タイマーをかけて、「残り9分」、「残り8分」、「残り7分」……と、カウントダウンしていきます。初日は、皆さんアタフタされていますが、毎日片づけに取り組むうちに、だんだんと習慣化してくるようで、2週間の朝活が終了しても、「これからも続けていきます！」という方が非常に多いんです。それだけ、皆さん、朝の10分間を有意義に過ごしてくださったということですよね。

朝起きてからの10分をどのように過ごすのか。ダラダラしても10分、片づけに取り組んでも10分。どちらも同じ10分ですよね。

朝活をするにあたって、大事にしてほしいのが、「その10分に必ず意図を持たせること」。

朝起きて、「とりあえず、何かやろう」と思うのではなく、「朝の10分で終わらせること」を

きちんと決めるということです。 10分終了のタイミングに向かって、何がゴールなのかを明確にしておきましょう。

10分間やってみたときに、自分が決めたゴールを達成できれば、それでよし。達成できなければ、もっと目標をミニマムにするか、ペースを上げるか、試してみましょう。

片づけにも達成感が大事。「できた」を積み重ねることによって、自信もつくし、気力も湧くというもの。

具体的に言えば、キッチンの引き出し1つでも良いと思います。 靴箱1段でも良いですし、クローゼットの中身の仕分けでも良い。キッチンの引き出し全部とか、靴箱の中全ての段、クローゼット全部というように、**いきなり大きな目標にはしない方が良いんです。**

なぜなら、できなかった自分にガッカリしてしまうから。

「10分でこれをやる」と決めた目標をしっかり実現し、それを積み重ねることが大切なのです。

特に片づけに取り組む最初の時期は、できるだけ「目標を小さめ」に設定してみましょう。

10分間が終わったときに、自分の決めた目標が達成できれば、自分で自分を褒めてあげることができるからです。

小さい目標が達成できれば、「私、こんなにすぐにできることを後回しにしていたの？」と気づくことができるのです。

ご自身のタイミングを大切にして、着実に成果を積み重ねていきましょう。

CHECK

片づける前に、「何をするか？」を決めておこう！

5

「どんなふうに暮らしたい？」と自問する

片づけたい　片づけたいって思うけど
考えてみよ
私は一体どう暮らしたいのかな？
今の自分の何が嫌？
どんな自分が嫌？
土日までやることに追われてカリカリしちゃってる自分が嫌だ…
ちょっとそこでダラダラしないで
お母さんゲームどこー
本当はみんなでゆっくりして楽しい時間を過ごしたい
みんなでドライブでも行こう
いく！

✦イメージを描くのが先だった

〈ステップ1〉を終えたら、〈ステップ2〉に進みましょう。ここでは、どんなふうに暮らしたいか、イメージを描きます。

メリットはいろいろありますが、なかでも大きいのが「モノを残すか捨てるか」を考えるときや「モノの配置」を考えるときに役立つ点です。

しっかりと暮らしのイメージを持っておかないと、いらないモノまで取っておいたり、モノの配置場所が適当になったりして、散らかる部屋に逆戻りしかねません。ぜひ、「どんなふうに暮らしたいか?」を考えてみてくださいね。

とはいえ、「どんなふうに暮らしたい?」と聞かれても、即答するのは難しいかもしれません。そこで、こう問いかけてみてください。「今の自分の何が嫌?」「どんな自分が嫌?」と。

「なりたい自分」は「不満」や「不便」のちょうど裏側にあるものです。

例えば、「土日、家事に追われている自分が嫌だ」という答えだったとします。

「じゃあ、私は、土日をどうやって過ごしたいんだろう?」

「どんなふうに過ごせたら楽しいんだろう?」

イメージを描くコツ

本当は、
どんな暮らしを
したいのかな？
イメージ
しにくい
今の自分の
何が嫌？
思いつきやすい
不満や不便の裏側に、
望んでいる
暮らし方がある

このようにできるだけ具体的に考えてみてください。それらのイメージを片づけ方に生かしていきます。なお、答えは人によってそれぞれでしょう。次に一例を紹介しておきます。

〈ケース別〉片づけポイント

ケース1

（現状）「友達、呼んでいい？」と子どもに聞かれたとき、「無理！」と答える

⬇本当は、「いつでもいいよ！」と言えるぐらい、きれいな状態を保ちたい

（ポイント）**人を呼びやすいように、リビングやダイニングの片づけを重点に置く。また、置くモノも再考するといい。例えば、ホームパーティーをするのであれば、取り出しやすいように、ホットプレートや、コップや小皿を入れたバスケットなどをダイニングに置いておくのもあり！**

ケース2

（現状）「いつも家事に追われて息つくヒマもない」と思っている。

⬇本当は、家族で家事を分担してサッと終わらせて、みんなでのんびりしたい

（ポイント）**ご家族はママがその家事を苦手なことを知らないかも。家族にお願いできるか聞いてみましょう。**

ケース3

（現状）自分が外出しているとき、家族から「あれ、どこにある？」と聞かれてストレスがたまる

⬇本当は、家族全員にモノの場所を把握してほしい！

（ポイント）**モノの置き場所がわかるように、ラベリングを工夫したり、ご家族の意見を取り入れたりしながら置き場所を再考して、情報をシェアしてみるとよいです。**

ケース4

（現状）いつも時間に追われていて、遅刻ぐせがある。出かけたあと、「あれがない、これがない」と何度も出たり入ったりする

⬇本当は、探しモノがスグ見つかり、余裕をもって準備できるようになりたい

（ポイント）玄関や玄関近くの場所に、いつも忘れやすいモノを置くようにするなど、収納場所を見直しましょう。

ケース5

（現状）キッチンやリビングがゴチャゴチャしていて、欲しいものが見つからず、同じモノを何度も買っている

⬇本当は、無駄な買い物をやめ、必要なモノだけが置いてあるスッキリしたキッチンにしたい

（ポイント）**今使っているモノを取り出しやすい場所に置いているか、チェックしましょう。ストック品も一緒に置いている場合は、ストック品だけ集めて別の場所で管理すると在庫管理できるようになるので、同じモノを何度も買うことはなくなります。**

ケース6

（現状）キッチンが片づいていないので、食事の準備が面倒になり外食が増えがち

⬇本当は、栄養バランスのとれたご飯をサクッと作りたい

（ポイント）「ご飯を作る」を「ご飯の支度」と意識すると、「食材を買う・作る」「食器を洗う・片づける」というたくさんの家事が浮かびます。これらをスムーズに行うためには逆算で予定を考えたり、支度の流れを考えたりする必要があります。まずは、ご自身の「時間の使い方」を見直して、できることから始めましょう。

✦制約を外して、片づけ後のイメージを広げよう

こんなふうに現状の不満に気づき、「では、どうしたいのか?」を考えることで、「本当はこうありたい」というイメージをもちやすくなります。

ある方は、「家族とのんびり過ごしたい」と答えるかもしれません。また別の方は、「友だちを呼んで賑やかに過ごしたい」と思うかもしれません。あるいは、「自分の趣味に没頭したい」と考える人もいると思います。

暮らしのゴールはひとそれぞれで、正解はありません。暮らしたい家がどんなゴールなの

か、ぜひ一度考えてみてほしいと思います。なお、それができるかどうかは、また別問題。「家が狭い」「家族が、子どもが、仕事が」というような制約は、いったん外して自由にイメージを広げましょう。

それらを考えるために、用意したのが45日後をイメージする左の表です。

この表は、8つの分野に分かれています。その分野とは、「家の全体像」、「健康」、「時間」、「お金の使い方」、「家族との関係性」、「パートナーとの関係性」、「職場・友人との関係性」、「自分の感情」。

左表を参考にして、「あなたの現在」と「45日後の理想」を記入してみましょう。

「今の自分」の現在地を把握して、45日後、家が片づいたときには「こんなふうであってほしい」という希望を書いてゴールを明確にしてみましょう。これにより本当に望んでいる暮らしのイメージがはっきりして、片づけを成功させやすくなります。

CHECK

「今の自分の何が嫌？」を考えると、理想の暮らしが見えてくる

いろいろな観点から考えよう

本当に望んでいることは何？

家族と楽しく
過ごせる家に
したい！

45日後のゴールをイメージする	
●家の全体像	●健康
●時間	●お金の使い方
●家族との関係性（子ども・親）	●パートナーとの関係性
●職場・友人との関係性	●自分の感情
●これらができると、今後どんな自分になっていきますか？	

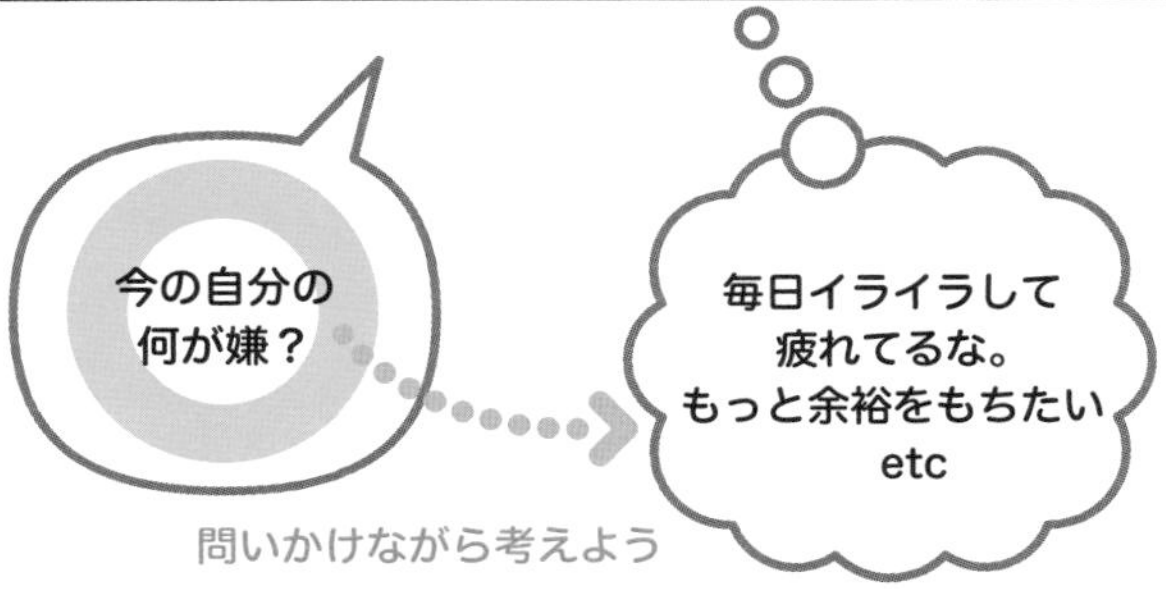
今の自分の
何が嫌？
毎日イライラして
疲れてるな。
もっと余裕をもちたい
etc
問いかけながら考えよう

実例

45日後のゴールをイメージする	
●家の全体像	●健康
・子どもの友達を呼べる! ・リビングがきれいで家族がくつろげる	・1kgぐらいやせる! ・早起きできて、体が元気
●時間	●お金の使い方
・在宅時は午前中に大事な仕事を終えて、仕事が早く終わる ・家族と週末のんびり過ごせる	・ムダな買い物をやめて貯金ができる ・本当に欲しいものにお金を使える
●家族との関係性（子ども・親）	●パートナーとの関係性
・子どもとよく話したり聴いてあげられる	・よく話し合い、着地点を見つける
●職場・友人との関係性	●自分の感情
・適度なコミニュケーションを取り仕事を円滑に進められる	・自分にダメ出しをせず「よく頑張ってるよ!」とねぎらえる!
●これらができると、今後どんな自分になっていきますか？	
ストレスが減り、毎日、心配ごとがなくなっていき、朝から明るい気持ちで過ごせるようになる!	

8つの分野を書き出すことで、望んでいることがより明確になっていく。

これを元に、「45日間の自分との約束」を書くとモチベーションが持続する!

実例

45日間の自分との約束

テンションが上がる曲をかけながら毎日10分は片づける!

45日後には
・子どもの友達を呼べる
・家族がくつろいで、楽しく過ごせる♪
・仕事がはかどり、アイディアがわく
・ぐっすり眠れて朝から元気になれる★

こんな素敵な家にします!

6 片づけ終わる日を決めて、宣言する

✦イメージを描いたら、次のステップに進もう

片づけた後の暮らしをある程度イメージできたら、早速、片づけの終了日をカレンダーに書き込みましょう。

主にやることと、日数の目安は次の通りです。

- **写真を撮るなどして、環境を可視化する〈2～3日〉**
- **暮らしをイメージする〈2～3日〉**
- **必要なモノを見極めて残す〈10日～2週間〉**
- **家族の動線を観察して、定位置を決める〈10日～2週間〉**
- **モノを配置し、取り出しやすく戻しやすいかを確認する〈10日～2週間〉**

片づけをするオススメの期間は「45日間」です。

1カ月でもいいですが、仕事や家事に追われていると、あっという間に過ぎてしまいます。

この間に、必要な収納グッズや棚を購入したり、あるいは置き場所を見直したりする期間が発

生します。毎日、何時間も片づけに使うことはできないと思うので、日数はゆとりをもつことをオススメします。

なお、片づけの終了日を決めたら、家族や友人に宣言してください。「いつまでに」、「どんな状態にしたいのか」。宣言してしまえば、そのリミットを守ろうとあなたの片づけ魂に必ず火が点くはずです。

✦ 45日はちょうどいい期間

私の場合、片づけのリミットに掲げたのは息子の「バスケ部引退の打ち上げの日」でした。

「いつまでに」は、「バスケ部引退の打ち上げの日までに」。

「どんな状態にしたいのか」は、「友達を呼べる家」に。

「バスケ部引退の打ち上げの日までに、友達を呼べるような家にするために、ママは頑張るよ。そういう家にするためには、あなたたちの協力が必要です。今までのようにママ1人では到底できることじゃない。だから、あなたたちも協力してね」

そう宣言したその日から、バスケ部引退の打ち上げの日までは、ちょうど1カ月半。大変な思いももちろんしたけれど、子どもたちの真剣なサポートもあり、「友達を呼べる家」にすることができました。

今振り返ってみると、片づけに費やしたのはちょうど1ヵ月半、つまり45日という期間でした。1カ月では慌ただしすぎるし、3カ月後、半年後だと気が抜けてしまいそうです。ぜひ、ゴールを決めて具体的な行動に移してください。

CHECK

片づけ終わる日を決めたら、早速行動しよう

第2章

二度と散らからない
方法は?

「きれい」が続く
秘けつはコレ!

1

コレで片づいた状態を保てる！

✦散らかるのは、こんな理由から

「一生懸命に片づけたのに、すぐに散らかってしまった」。これでは意味がありませんよね。大事なのは片づいた状態を保つこと。**きれいな状態をキープできる人は、あることをしています。それが、「使いづらい！」の解消です。**

例えば、キッチンでラップやタッパー、調味料などが手を伸ばして取れる場所にありますか？　掃除したいとき、サッと掃除用具を取り出せますか？　ゲームを片づける場所は決まっていますか？　薬箱を棚の上の取りにくい場所に置いていませんか？

実は、「いつも使うモノ」「必要なモノ」を取り出しやすい場所に置き、「使いづらい！」を改善することで、片づいた状態を保てるようになっていきます。

では、具体的に見ていきましょう。

CHECK

使う場所に、使うモノを置く

2

「使いづらい！」を解消すると、散らかりにくくなる

さーーみんな！
片づけるわよーー!!
おおおお～!!
数日後…
ぐちゃ～～～
よーし　片づけるわよーー!!
負けるなーー
おおーーー!!
数日後…
ぐちゃ～
無限ループ…
だめだ…たまに一気に片づけても意味がないわ

✦「使いづらさ」を放置せず、「とりあえず」の方向転換を

ここ数年続いたコロナ禍により、「家で過ごす時間」が増えた、という方が多いのではないでしょうか。**長時間過ごしているうちに、今までは気づかなかった「使いづらさ」に気づいたことはありませんか？**

例えば、キッチンで、サッとタッパーを取り出せますか？
ラップは、すぐ取り出せる場所にありますか？
毎日使うお皿やコップなども同様です。

これはキッチンだけに限りません。リビングや寝室、洗面所などでも同様で、使いやすさという点で見たとき、**必要なモノをすぐ取り出せて、かつすぐ戻せる場所にあるのかはとても重要なことなんです。**

実はその「使いづらさ」は今に始まったことではないのかもしれません。
小さな問題だから、いいや。自分がちょっと我慢すればいいから、いいや。そんなふうに考

えて、使いづらさを放置していませんでしたか？

ちょっとの我慢も積み重なれば、大きなストレスになります。結局、使いづらさを放置することは、自分に試練を与えているのと同じこと。苦しいですよね。

大事なのは、できるだけ手間を減らして、「面倒くさいがなくなる仕組み」をつくっていくこと。

✦「どうやったら楽になるか？」から考える

では、「面倒くさいがなくなる仕組み」は、どのように作ればよいのでしょう。

片づけの前提として、具体的なイメージを描くことが大切だというのは前述の通り。「なりたい自分」を考えるには、「何が嫌？」「どんな自分が嫌？」と問いかけることが必要だとお伝えしました。

仕組み作りも同じステップで考えてみましょう。

「この家で、私が嫌だと思っていることは何だろう？」

そういう目で周囲を見渡すことから始めてください。

例えば、女性がよく使う場所としてキッチンを例に挙げて考えてみましょう。よく使う場所だからこそ、本来ならノーストレスで過ごしたいですよね。でも意外と、「これ、なんでここに入っているんだっけ？」というモノが見つかることがあります。

Mさんがキッチンで嫌だと感じていたのは、ストックバッグの収納場所でした。ストックバッグは、食品を分類して収納したり、小分けしたりするのはもちろん、調理にも使えるので、そのお宅では非常に登場回数が多いとのことでした。

それなのに、**そのお宅では、なぜかストックバッグが、踏み台を持って来なければ取れないような、キッチンの吊戸棚の一番上にある平たいスペースに入っていたのです。**

「なぜその場所に入れておくのか」と聞いたところ、ストックバッグを並べて収納しておくのに、その平たい場所がストックバッグの箱にピッタリだったから、との答えでした。

でも考えてみてください。登場回数が多いストックバッグが吊戸棚の一番上に入っていたらどうなるか。

踏み台を持ってくる、踏み台に乗って吊戸棚を開ける、ストックバッグを引き出して取って戸棚を閉める。作業をしたら、また踏み台に乗って、戸棚を開けて、ストックバッグを戻して、戸棚を閉めて、踏み台を降りて、踏み台をしまう……。**ストックバッグを使って、片づけるまでに、一体、何工程かけているのでしょう。**ストックバッグを使うたびに、その工程を繰り返さなければならないとしたら、実はとても労力がかかっていますよね。

モノを取り出したり、戻したり、つまり「モノを出し入れするのに必要な動き」を「アクション数」と呼んでいます。だからこそ、アクション数を考えてみてほしいのです。もしも仕組みを変えてうまくいったら、とても快適になると思いませんか？

一度、仕組みを変えてしまえば、「ああ、使いづらい！」とモヤモヤしながら家事をしなくて済むようになります。仮に10分、15分かかったとしても、1カ月単位で見たら、すぐに取り戻せると思いませんか。

CHECK

モノを「取り出し&戻す」ときのアクション数を減らそう

3

収納場所は、使う人に決めてもらう

モノが少なくてきれいなリビングにしたいのに…
スッキリ
いつもモノを運んできては散らかすので
自分の部屋があるでしょ？お部屋でしなさい
ぐちゃー
ムッ
ボクはここでお母さんとお話ししながらしたい！
一人の部屋じゃヤダ!!
お母さんの側がいい!!
カワイイか!!!
キュン
リビングに片づけBOXを置き 使ったら戻す約束をしたらきれいになりました
めでたしめでたし

✦このやり方で、リバウンドを防げる！

頑張らない仕組み作りで重要なことは、「使う人」が考えるということ。リバウンドせず、きれいが続く家にする秘けつはまさにココにあります。

結局、その「モノ」をよく知っていて、よく使う人が、仕組みを考えることが大切だということです。その「モノ」を使う人が、一番、どこが置きやすくて取り出しやすいかを知っているはずだからです。

例えば、リビングにゲームが置いてあるご家庭は多いと思います。テレビにつないで使うため、子どもたちがリビングに置きたがるのではないでしょうか。「自分の部屋に置けばいいじゃない。ここは共有スペース！　自分のモノは自分の部屋に持って行って」ついつい、そんなふうに言いたくなりますよね。

でも、共有スペースということは「家族みんなの場所」ということ。自分の価値観を家族に押し付けてもうまくいかないことが多いんです。

子どもが、リビングにゲームを置きたいと言ったら、まず子ども自身に、片づけの仕組みを考えさせてあげてください。

「簡単に出せて、簡単にしまえる場所はどこかな？」

そう問いかけてみましょう。そのときに希望があれば、それを伝えてみてもいいと思います。

「ママはお客様がおうちに来たとき、ゲームが出しっ放しになっているのは嫌だなあ。なるべく目に見えない、目立たない場所にしまってほしいな」

どちらかが一方的に我慢するのはフェアじゃない。だから、希望は伝え合いましょう。

子どもたちの希望、そして自分の希望、最大公約数的な解決案を、きっと子どもたちが一生懸命考えて、結果を出すと思います。

1回ではうまくいかないこともあるかもしれません。でも、それなら、トライし続ければいい。場合によっては、一緒に考えてあげましょう。「うまくいかない」にも、必ず原因があるはずです。

✦子どもの言い分を聞き、解決方法を考えてもらう

あるお宅では、お子さんが家に帰って来て、リビングに上着をバサバサと脱ぎ散らかし、ランドセルを放り出す、というのがお母様の悩みでした。

お母様は、上着は玄関に掛けてきてほしいし、ランドセルは、自分の部屋に片づけてほしいと思っている……、でも子どもたちはそうしないんです。

それで、私は、その子たちに聞いてみました。

「なんで、いつもリビングまで持ってきて放り出しちゃうの？」と。答えは、

「だって、玄関で上着を脱いだら寒いでしょう？　それに、玄関で上着を脱ぐには、ランドセルを1回下ろさなきゃいけないから面倒くさい！　一度に全部やりたいよ！」でした。

そう、子どもにも言い分があるんです。

それなら、その子どもたちの「使いづらさ」を解決すれば良いということになります。

「じゃあ、どこなら片づけられる？」と子どもたちに聞いてみました。すると、「リビングにコート掛けの場所があったら、ちゃんと片づけられる！」という答えが返ってきました。

お母様には、「コート掛けは玄関にあったほうがいい」という思い込みがあったんです。

でも、使いづらさを放置するべきではない、というのは大人だけじゃなく、子どもも同じこと。

それで、お母様と相談して、リビングの一角にコートを掛けて、ランドセルを置けるスペースを作ることにしました。結果は大成功。子どもたちは、そのスペースに、ちゃんとコートを掛けて、ランドセルを置くようになりました。

✦何回もトライして、良い方法を探していけばいい

ここで大切なことは、子どもたちと一緒にうまくいく仕組みを考えたこと。大人でも子どもでも仕組み自体に納得したら、絶対に実行してくれるようになります。

この例では、たまたま1回でうまくいくようになりましたが、1回変えただけではうまくいかなかった、という例も当然出てきます。一緒に考えた仕組みが、やっぱりうまくいかなかったときに、絶対やってはいけないのが、

「ほら、違ったでしょう」「ほら、うまくいかなかったでしょう」

と相手を責めること。

やってみたら、やっぱり違ったね、なんてことは、あって当然。「どうやったらできる？」「そこに置けば、ちゃんと片づけられる？」と試行錯誤しながら、「ここだ！」という場所を見つければいいんです。

受講生のみなさんの中には、「ここに辿り着く前に、片づけの資格を持ったプロを頼ったんだけれど……」とおっしゃる人も多かったです。「それでも問題が全く解決しなくて、困ってしまって……」と。

よくよく聞いてみると、それは、片づけの資格を持ったプロが作った仕組みなんですよね。

だから一時的に、良くなっても仕組みが崩壊しやすく続かないのです。

むしろ、片づけ下手の人や面倒くさがりの人が、「これならできる」と思って作った仕組みの方が上手くいくんです。

一生懸命考えて、「うまくいった！」と思ったら、必ず自信につながります。自分で考えた仕組みなら、維持したくなるでしょう？

CHECK

「片づける場所」や「片づけ方法」は、使う本人が考えた仕組みの方が続きやすい

第3章

もっとモノを
減らしたい！

モノを「手放す」コツがある

1

手放すときは、「今使うかどうか」を考える

✦ゴミは「成果物」！

私は「捨てる」という言葉はあまり好きではありません。「捨てる」という言葉には、「投げ出す」や「放り出す」というイメージがあって、前向きではないような気がするからです。

でも、現実的に片づけに取り組むためには、とにかく「不要なモノを手放す」という作業から始めなければなりません。ゴミ袋を用意して、ひたすらゴミを集めていく作業は、ときに気が遠くなるような作業に思えることもあるでしょう。

そんなときは、ご自身が出しているモノは「ゴミ」ではなく「成果物」なんだと発想を転換させてみましょう。

✦手放す基準は「描いた未来」に必要かどうか

「ゴミは成果物」だと思ってよい、私はそうお伝えしました。でも、「成果」というからには、手放して良かった、と思えなければならないのではないか、と私は思っています。

そこで大切にしなければならないのは、「残す」「手放す」の基準をどこに置くかではないでしょうか。

私はその基準を、「描いた未来に必要かどうか」に置くことにしました。まず手をつけたのは、「いつか捨てようと思っていたモノ」と「今、明らかに使っていないモノ」。これらに関しては、「惰性で残しているモノ」がほとんどだからです。

私の場合は、離婚したとき、上の子が高校生、下の子が中学生になっていました。もう使わないのに、なんとなく取ってあった小学生のときに使っていた教科書や学用品などは全て捨てました。

離婚して、一生懸命仕事をしていかなければならなかったので、それまでのような「丁寧な暮らし」はできません。ホームベーカリーやジューサーは、手放しました。たくさんあった製菓材料も全て捨てました。そのときの私には、手作りのお菓子を作るような時間と心の余裕がなかったから。子どものために、ちょっとしたモノを作ることも今後はないだろうと考え、裁縫道具やミシン、布なども全て処分しました。

「もったいないとは思わなかった」と言えば、嘘になるかもしれません。**でも、基準は、とにかく「今、必要かどうか」。**

「いつか使おうと思っている」「いつか使えるかもしれない」、でも、その「いつか」はいつ来るかわかりません。逆に言えば、そういう「いつか」が来たら、そのときに、必要だと思えば、また買えばいいんです。

もしかしたら、来ないかもしれない「いつか」のためにスペースを取るのは、それこそ「もったいない」ことだと思いませんか？

ご自身がどのように暮らしていきたいのか、どのような生活を送りたいか、「描いた未来」に必要なモノだけを残しましょう。**未来の描き方は81ページ〜90ページでお伝えしました。**ぜひ、参考にしてくださいね。

CHECK

「こんな暮らしをしたい！」というイメージに合うモノだけを残そう

2

暮らし方を考えて、残すモノを決める

もしもし由美さん？キッチンにどんなモノを置いてる？
え どうして？
何を置いているのか参考にしようかなって…
あくまでも我が家に必要なモノを置いているから
参考にならないと思うよ
理想の暮らしをイメージしてみて そのうえでどんなキッチンだと暮らしやすい？
土日はホームパーティーをして みんなでたこ焼きを食べます!!
じゅる
いいわ！その調子！

✦各部屋ごとに「暮らしのイメージ」を描こう

明らかな「不要品」を手放すことができたら、今度は、部屋ごとに、スペースごとに、自分が理想とする「暮らし方」を考えていきましょう。

過去、私が自分の家を片づけるときに心がけたことは、「期待は捨てよ、希望は持て」。**自分がストレスを感じるような「こうあるべき」というような期待は捨てて、「こうなったらいいね」という希望を大切にすることでした。**

ここで難しいのは、「理想とする暮らし方」は人それぞれなので、いわゆる「手放し方の必勝法」は存在しないということです。

ある人にとって必須なモノが、別の人にとってはガラクタに過ぎない。だから、「これは残しましょう」「それは捨ててください」というマニュアルは役に立たないことが多いのです。

✦例えば、キッチンの場合は……

ここでは、キッチンを例に考えてみたいと思います。

離婚当時の私は「仕事にコミットする生活を送る」と決めました。そこでパンは家で焼かな

いだろう、と考えたのでホームベーカリーは不要だと判断しました。また、子どもが小さいときには、よくお菓子作りをしていたので、製菓材料がたくさんあったのですが、お菓子を作る余裕もないし、そもそも、もう子どもたちが母親のお手製お菓子を昔ほどは喜んでいなかったので、製菓材料も処分しました。

一方で残したモノは、ホットプレート。お好み焼き、焼きそば、焼き肉……、手早く、簡単に家族全員で食事をするには、ホットプレートは必要だと思ったからです。

小さいお子さんがいて、お母さんとよくキッチンに立っているご家庭の場合は、お子さんも使えるようなピーラーや、ハンドミキサーなどは必要ですよね。

最近では、リモートワークも増えてきました。ご自宅で仕事をする機会が多く、「早く料理をして、片づけの時間も減らしたい」という場合には、食器の数を最低限まで減らす、というのも良いのではないでしょうか。「大皿だけ残して、食事はワンプレートで」という考え方もあると思います。

このように、キッチン一つとっても、それぞれのご家庭で描くイメージによって、不要なモノ、必要なモノは全く違います。

残すモノの決め方

「仕事にコミットする生活を送る」場合

キッチンに立つ時間を
極力減らしたい

時短で調理できるモノを残す

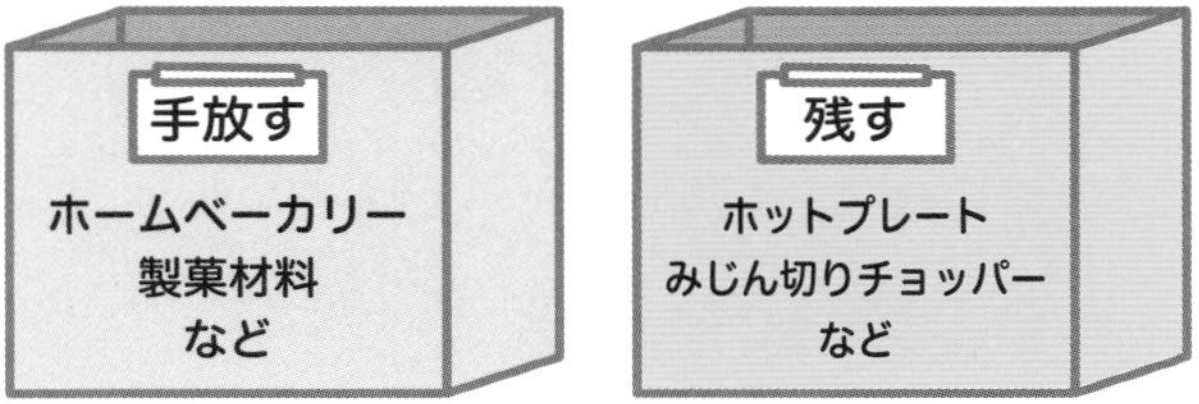
手放す
ホームベーカリー
製菓材料
など
残す
ホットプレート
みじん切りチョッパー
など

CHECK

モノを買うときも手放すときも、「暮らしのイメージに合うか？」を考えよう

この「自分に必要なモノだけ」という基準は、「手放す」場合だけでなく、「手に入れる」ときの基準としても当てはまります。

つまり、「必要なモノだけを買う」ということ。「手放す」にしても「手に入れる」にしても、まずイメージすることが大切なのです。

3

狭いスペースから始めると はかどる

リビングなどの広いスペースから始めてしまうと…
よし、やるぞ～!
ぐちゃ…
頑張ったけど全然終わらない…
ず―――ん…
やる気
ぐちゃ～～
果てしなくて達成感を得られません
オススメは冷蔵庫・食品庫・シンク周り・洗面所など
ぐちゃ～～
キッチンがきれいで使いやすそう!!
ピカー
家族が気づいてくれるので喜びが増します!

✦冷蔵庫や食品庫、靴箱などがオススメ

皆さん、よくおっしゃるのが「どこから手をつければいいかわかりません」というものです。**私がオススメしたいのは、できるだけ狭いスペースからスタートすること。なぜなら、狭い場所なら、比較的、早く片づけを終えることができるからです。**

張り切って、いきなり広いスペースを片づけようとすると、くじけてしまいがち。あれもこれもやらなくてはいけなくなってしまい、先が見えない状態になると、「もうこれ以上できません！」と投げ出したくなるのではないでしょうか。

「始まり」があれば、必ず「終わり」があります。その「終わり」までの過程は、短ければ短いほど、ありがたいですよね。何事も自分の力で終えられて、「できた！」と達成感が得られれば、頑張るための気力が湧いてくるというもの。

片づけも同じです。**一つ一つの「できた」の積み重ねが自信につながっていくはずです。具体的に場所を挙げるなら、冷蔵庫や食品庫といったキッチンのスペースや、お手洗いや靴箱、洗面所、キッチンなどがオススメです。**

Before〈玄関〉

After〈玄関〉

なぜオススメなのかと言えば、「狭い」という条件をクリアしている上に、それらの場所は、家族みんなが使う場所だからです。**家族が使っている場所が使いやすくなったら、きっと家族も喜んでくれるはず。家族が喜んでくれる姿を見たら、嬉しくなりませんか。**

この場合、残すモノの基準は、「家族が使っているかどうか」。そして、片づけの基準は「家族が使いやすいかどうか」。共用のスペースだからこそ、「家族みんなが使いやすい場所」を目指して片づけるようにしましょう。

CHECK

達成感を味わえる場所から取り組もう♪

4

「空きスペース」をつくろう

✦少なくても2～3割は空けておく

片づけに大切なのに、見逃されがちなモノとして挙げたいのが「空きスペース」。**モノを置いてよいスペースの上限を意識するようにしましょう。目安としてお伝えしているのは、一戸建てなら6～7割。マンションなら7～8割。残りのスペースは、しっかり空きスペースとして残しておくようにしましょう。**

皆さん、片づけというと、単純に「モノがきちんと収納されている状態にすること」と思われるようですが、実は、そう単純なものではありません。

片づけ下手な方がやってしまいがちなのが、収納場所に、モノを隙間なく詰め込むこと。たとえて言うなら、テトリスのように向きを変え、凹凸を考え、うまくはまった状態を良しとしてしまう……、そのときは「やった！　できた」と思うかもしれませんが、隙間なく詰まった状態だと、結局何が入っているかどうかもわからないし、取り出しにくい。

やはり2～3割のスペースを空けて、見やすさ、取り出しやすさを考えてしまうようにするとよいと思います。

キッチンの棚

二人暮らしのため、皿の量はもともと少ない。本当に好きなお皿やお茶碗などを置いている。

洗面所の棚

化粧品などは使う順番に並べている。余分なものは置かないのでスッキリして見える。

モノを整理せず、モノを入れるための収納家具を増やすということは、それだけ床面積も減らしていることに気づきましょう。つまり、空間をどんどん狭くしていることにつながるのです。

単なるモノの移動、詰め込みにならないよう、スペースを意識しながら片づけるようにしましょう。

CHECK

空きスペースがあると、取り出しやすく戻しやすい機能的な収納に

5

モノの出しっ放しを防ぐコツ

またゲーム出しっ放し…!!
ぐちゃ
ムッ
何回片づけても出すんだから…！
さて お2人さん何で片づけないの？
説明してもらおうか…？
ゲーム片づけ会議
理由を教えてほしいな
母さんが決めたルールが面倒でやる気がしないよ
くるくるまいてしまう
むり…
コードはまかずにサッと戻したい！
テレビ台の下を整理して戻すことにしたのね
ありがと♡

✦必要なのは、家族との話し合いと観察

家族みんなが気持ちよく過ごせる家にするためには、家族の協力が欠かせません。

でも、いかに家族の協力を得られるかを考える前に、自分自身が「片づけをやり遂げる」という姿勢を見せることが必要です。

ここまで本を読み進めてくださったなら、もう「片づけをやり遂げよう」という確固たる意志があるはず。

まずは、ご自身が家族に、片づけに対する本気度をしっかり示すと良いですね。

1週間経ち、10日経ち……、お母さんが一生懸命片づけている姿を見せていたら、家族も「何か違うな」と気づいてくれることと思います。

そのタイミングで、家族にも、一度どうしたいかをプレゼンすると良いと思います。自分がこの家でどのように暮らしていきたいか、家族全員に話してみてください。

そして、同時に、家族がどんなふうに暮らしていきたいのか、家族の希望もぜひ聞いてみて

ください。

「急に言われたって！」と家族は戸惑うかもしれません。

それなら、できるだけ具体的なイメージが湧くように、家族が一番長い時間を過ごす場所として、まず家族一人ひとりがリビングでどのように過ごしたいかを聞いてみましょう。

リビングはみんなが集まってくつろぐ場所です。だからこそ、みんなの「どう過ごしたいか」をちゃんと聞いてあげて、それに沿って片づけていきましょう。

✦何度注意しても、本を置きっ放しにした理由

また、家族がどう過ごしたいかを把握するには、家族が実際にどのように過ごしているのかを観察することも一つの方法だと思います。

例えば、以前、このような例がありました。

そのご家庭では、お子さんが小学校入学を機に、子ども部屋を作ることにしました。勉強机も、学用品を入れる棚も、本棚もすべてきれいに納まって、ご両親的には「良い部屋になった」と思っていたそうです。

でも、**なぜか、いつもお子さんはリビングに本を置きっ放しにします。**いくら片づけるように言っても、その置きっ放しは直りませんでした。せっかくリビングをきれいにしても、いつも数冊置きっ放しになっている本を見ると、スッキリしないのが悩みだとおっしゃるお母様。

そこで、私は、その方に聞いてみました。

「どうして、お子さんは本を置きっ放しにするんだと思いますか？」と。

きっと、何か理由があるはずだと思ったからです。

✦本棚の位置を子ども部屋からリビングへ

お母様は、数日間、お子さんの行動を観察しました。お子さんは、学校から帰ってすぐにランドセルを自分の部屋に置いて、リビングでおやつを食べると、自分の部屋に戻って、宿題を済ませます。

気づいたのはその後の行動。お子さんは、読みかけの本と、次に読みたい本をリビングに持ってきて、ソファで読み始めました。夕飯だと声をかけると、読みかけの本を置いてご飯を食べ、その後は寝る前まで、ずっとソファで読書をしていたようです。

数日間、観察をしましたが、お子さんの行動は大体同じ。理由を聞いてみると、

「本はどうしてもリビングで読みたい！」

という答えが返ってきたそうです。

そこで、お母様は、本棚を子ども部屋からリビングに移しました。以後、本は毎日、散らかることなく、ちゃんと本棚にしまわれるようになったそうです。

みんなが使う共有スペースは、全員の希望がどこかしら叶えられるようなスペースになるといいですね。

CHECK

家族の習慣に合わせてモノを配置すると、戻しやすいので散らからない

6

家族のモノには手をつけない、勝手に捨てない

✦本人に任せよう！

ご自宅を片づけるにあたって、「家族のプライベートスペースはどのようにしたらいいですか？」と質問を受けることがあります。

片づけは「持ち主」がするのが一番良いというのは、今までお伝えしてきた通り。片づけ資格を持ったプロにお願いして家を片づけたところで、自分の考えた仕組みではないので、結局はうまくいかなかったという例をたくさん見てきました。

家族のプライベートスペースも一緒です。それぞれのプライベートスペースは、そのスペースの持ち主にお任せしましょう。**このときに大切なのは、家族には家族のタイミングがあるので、決して急かさず強要しないこと。ベビーステップでも仕方ない、と割り切りましょう。**

CHECK

使う人自身が片づけたほうが、実はうまくいきやすい

7

「大切なモノ」と暮らすと、毎日が充実する♪

整理中
あれ？ これは…
そういえば買ったわ もったいなくて使ってなかった
やっぱりカワイイ～♡
カワイイお皿たち
本当は毎日使いたいな～
ご飯できたよ～
わーおいしそう

✦惰性で使っていたお皿を、好きなお皿に取り替える

自分にとって、何が必要で、何が必要ではないのか。それを振り分けていくときに、イメージするのは「どんな毎日を送りたいか」でした。

私は、かつて、食器をたくさん持っていました。来客も多かったし、そのときは必要なモノだったから。

でも、今は子どもも巣立っていて、そんなに数は必要ない。だから、グラスもお皿も自分の好きなモノ、思い入れのあるモノだけを残しました。

朝、食パンを一枚食べるにしても、「これでいいか」と惰性で使っているお皿で食べてもよいですし、自分の大好きなお皿で食べてもよいわけです。それなら、お気に入りのお皿で食べた方がテンションも上がりませんか？

割れるリスクはあるかもしれないけれど、お気に入りのお皿を使った方が、自分にとって毎日が充実するのではないかと思うのです。

自分にとって本当に必要なモノを残して、使いたいモノだけで暮らしたとしたら、それこ

そ、自分にとって、貴重だったり、希少だったり、というモノしか残らないはず。そうなったら、一つ一つのモノの扱い方も丁寧になりますよね。

自分にとって必要なモノ、大切なモノだけ残したら、結果的にモノが減り、モノの扱いが丁寧になるんです。

先日、とても素敵なグラタン皿を思い切って捨てました。子どもたちが大好きだったグラタンですが、自分と夫、二人のためだけに、今の私は作らないかなと判断して、大切にしていたグラタン皿だったのですが、手放すことにしました。

でも、きっと、10年前なら迷わず残しているだろうな、と思うんです。

人間は、生きていくうちに、さまざまな転機を迎えます。生き方が変われば生活も変わる、だから、その時その時で必要なモノは変わっていくもの。今のご自分にとって、本当に大切なモノを残して、毎日を「充実する日」にしてください。

CHECK

大好きなモノと一緒に暮らしていくと心が満たされる♪

第4章

「見つからない」「戻しにくい」

「だから散らかる！」

「モノの置き方」次第で、散らからない部屋になる！

1

モノの「定位置」を決めよう

✦ウロウロがイライラを引き起こす

必要なモノだけを残す作業が終わったら、今度はモノの定位置を決めていきましょう。

現在、必要なモノをすぐに見つけられていますか？　お財布がない、携帯がない、カギがないなど、部屋の中を行ったり来たりしていませんか？　かつての私がそうでした。出勤前、お出かけ前など、急いでいるときに限って持って行くモノが見つからないんです。こういうことが起こるのは、日々自分が使っているモノや、毎日持って行かなければならないモノの定位置、つまり住所が決まっていないからです。

では、モノの定位置を決めるためにはどうすれば良いのでしょうか。そのカギを握るのが「動線」です。動線とは、人が家の中を動くルートのこと。この動線上に定位置をつくると良いのです。

CHECK

定位置は、
人が家の中を歩くルート上〈動線〉につくるといい

2

「生活動線」上に、よく使うモノを置くといい

家族の行動をチェックしてモノを取り出しやすい所に置きましょう
ごちそうさま〜
あ 待って ハンカチ忘れてる！
いってきま〜す！
あ！
洗面
キッチン
テーブル
ハンカチ
ご飯を食べて歯をみがいて玄関に行く動線にハンカチがないのか！
改善後
行ってきまーす！
いってらっしゃーい
ハンカチ
ひょい
ハンカチ入れ

✦家の中の動線は2種類ある

家の動線を考えるとき、**大事なのは「家事動線」と「生活動線」です。**家事動線は、掃除、洗濯、料理などをするときに人が動く通り道のこと。また生活動線とは、家の中で生活する人が家の中を移動する道を指します。家事動線については、普段のご自分の行動を振り返り、歩くルートを点検してみましょう。

✦「生活動線」をチェックしよう

大事なのは「家族の生活動線」をチェックすることです。

「生活動線」とは、家の中で生活する人が移動するルートのこと。顔を洗う、トイレに行く、食事をとる、帰宅するなど、普段の生活をする際、どのルートを通っていますか?

本来、そのルート上によく使うモノを配置すると、スムーズにモノを取り出せるうえに、戻しやすいため、片づけの手間がかからないのです。

1週間、ご自分のみならず、家族が歩くルートを観察して表にまとめてみましょう。一例を

「家事動線」の例

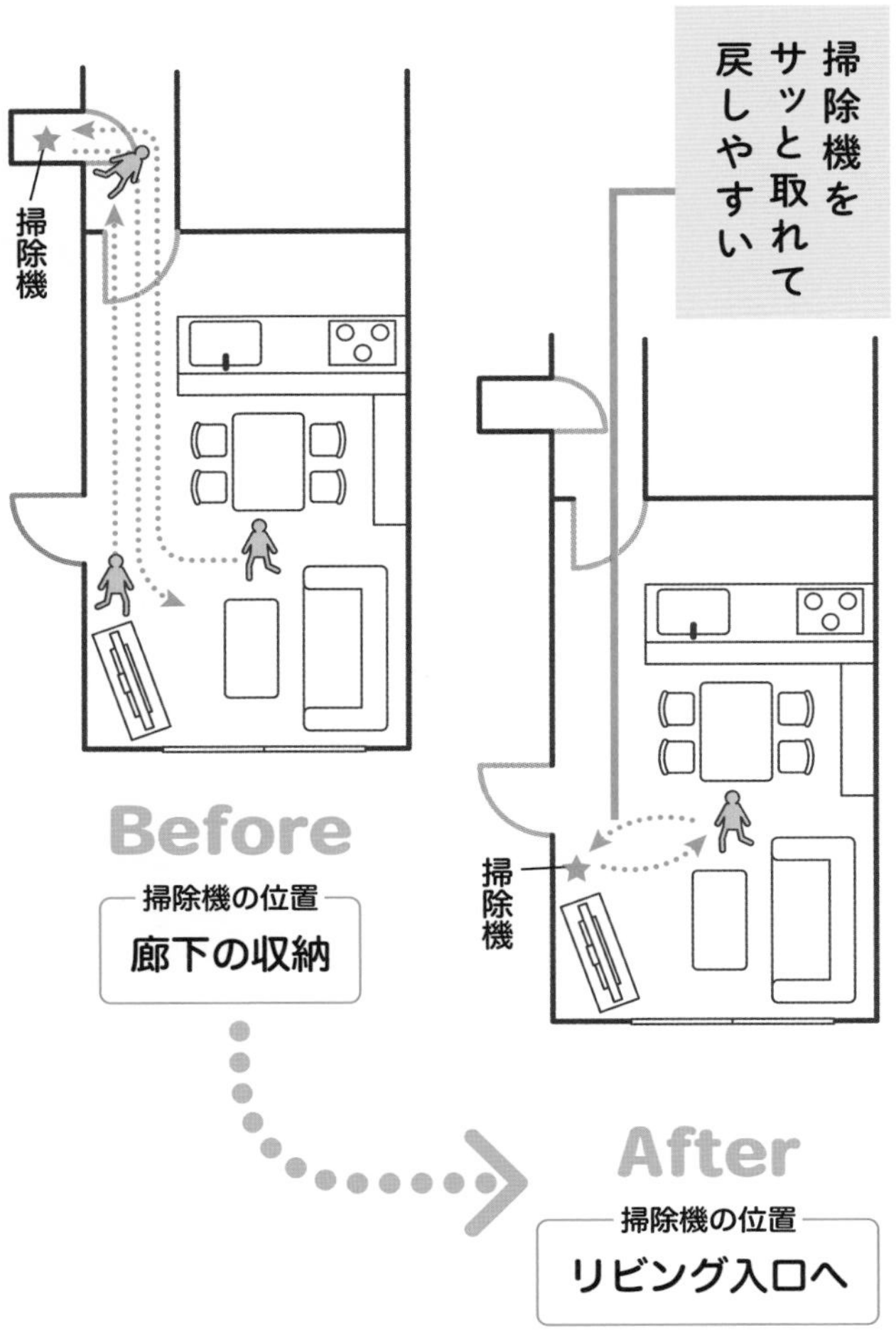
掃除機
Before
掃除機の位置
廊下の収納
掃除機をサッと取れて戻しやすい
掃除機
After
掃除機の位置
リビング入口へ

「生活動線」の例

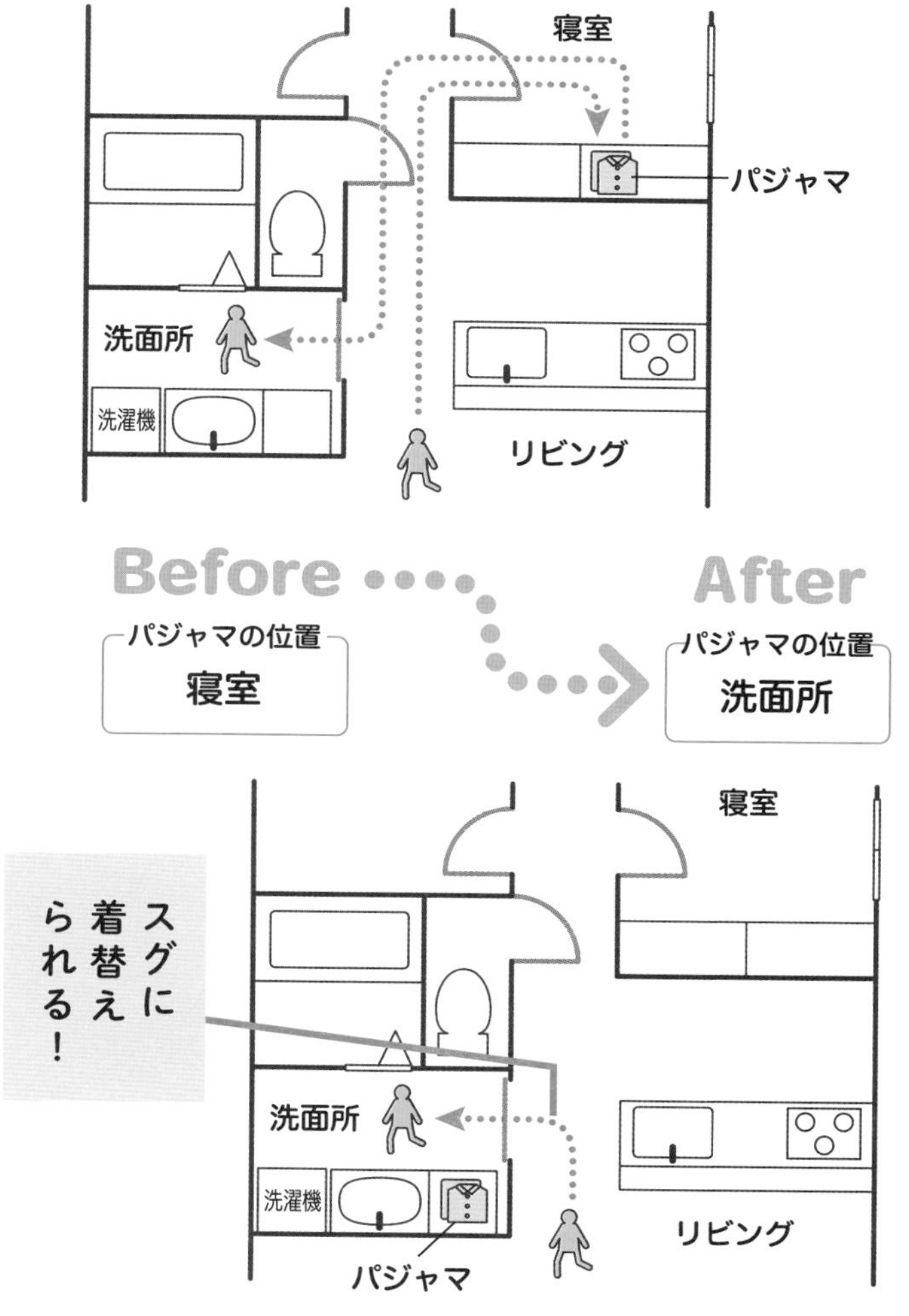
寝室
パジャマ
洗面所
洗濯機
リビング
Before
パジャマの位置
寝室
After
パジャマの位置
洗面所
寝室
スグに着替えられる！
洗面所
洗濯機
パジャマ
リビング

151ページに掲載しておきます。

簡単にとりかかれるのは、外出先から帰ってきたときの家族の行動をチェックすること。帰宅後から寝るまでの間、家族が何を手に持っているのか、そして、何をどこにどう置くのかを観察してみるのです。

まず、帰宅後、誰が何を持ち帰っているのかを書き出し、そのモノが定位置に置かれているかどうかチェックしていきましょう。

✦定位置に置かれない「2つの理由」

定位置に置かれていない場合、2つのケースが考えられます。1つ目は、「定位置があるけれど、定位置に置かなかった（置けなかった）ケース」。2つ目は、「そもそも定位置が決まっていなかったケース」。

①定位置はあるが置いていない
↓定位置を再検討しよう

「散らからない部屋」にするために

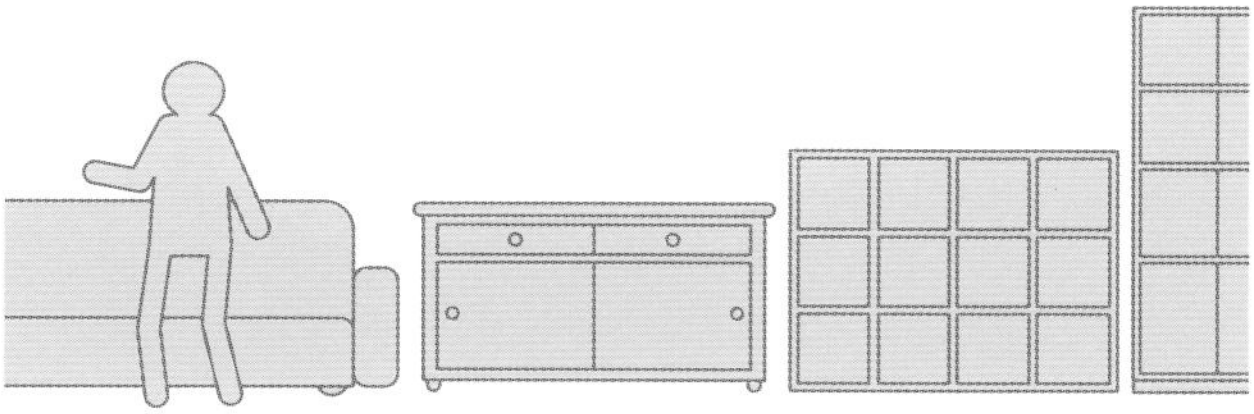

①定位置はあるが、置かなかった場合

- □ 生活動線上以外に定位置がある
- □ 収納スペースが、置くモノのサイズと合っていない？
- □ 収納スペースの高さが、使う人と合っていない？

②定位置がない

生活動線、家事動線に沿って
戻しやすい場所に定位置をつくろう

Point

家族の「生活動線」を調べよう

1つ目のケースについては、定位置があるにも関わらず、定位置に置かれなかったモノがどこに置かれたのかを確認しましょう。

大切なのは、「どうしてそうなってしまったのか」を分析すること。

一番多い理由として考えられるのが、そもそも生活動線の流れに沿った場所に定位置がなかった、ということです。**それなら、生活動線に沿って、戻しやすい場所はどこなのかを設定し直せばよいでしょう。**

他にも、例えば、「収納スペースはあっても、置くモノとサイズが合っていない」、「収納スペースが使う人の使いやすい高さにない」、この2つも定位置が条件に合っていない理由としてよく挙がります。

原因がわかったら、どのように対応したら解決できるのかを解決するまで徹底的に考えることが大切です。それこそ、トライアンドエラーあるのみ！

②そもそも定位置がない
↓定位置を決めよう

2つ目のケースも、方法としては同じ。そもそも定位置が決まっていないのですから、生活動線、または家事動線に沿って、戻しやすい場所に定位置を新たに作ればよいということになります。

帰宅後から寝るまでの持ちモノの定位置を決められたら、今度は、朝起きてから、外出するまでの動きもチェックします。

外出に持って行きたいモノに定位置があるかどうか、その場所が定位置に相応しいのかどうかを、一つ一つ検証していきましょう。生活動線に沿って行動できるような仕組みを作ることが、片づけを習慣化するための第一歩になります。

✦置き場所についての思い込みを捨てよう

ここでは、2つのケースを紹介しながら、定位置の決め方の例をご紹介します。

ケース1

リビングに「ネクタイ」を置くスペースを作った

Kさんのお宅では、ご主人が朝、出勤前に寝室でスーツを着て、リビングでくつろいでいるのに、出かける直前に、必ず寝室に戻ってから出勤するということに気づいたそうです。

観察していると、どうやらご主人は、出かける直前に寝室にネクタイを取りに戻って、リビングにある大きな姿見の前でネクタイをつけていたようです。おそらく出かける直前に、その日の気分に合ったネクタイをつけて出て行きたい、ということなんでしょうね。

でも、せっかくリビングでくつろいでいたにもかかわらず、出勤前にバタバタと寝室に戻るのは効率の良い行動とはいえませんよね。

では、そのお宅ではどうしたか。リビングの姿見のすぐ近くに、ネクタイを置くスペースを作ったそうです。スーツとネクタイを一緒に置いておかなければならない、というのは思い込みなんですね。

誰のモノなのか、誰が使っているのか。そして、どう使いたいのか。モノの定位置を決めるには、使う人の視点に立って考えることが大切なんです。使う人の不便を解消してあげる、ということが定位置を決める目的であり、結果なのでしょうね。

ケース2
カウンターにレザープレートを置き、小物をまとめることに

Tさんのお宅では、ご主人がご自分の持ちモノをすべてリビングに置くので困っていました。スマホ、小銭入れ、キーケース、携帯……、それらをリビングに隣接するキッチンカウンターにバラバラと置いておくご主人。リビングには生活感をあまり持ち込みたくない、という奥様にはそれが気になって仕方がありません。

でも、ご主人にとって、必要なモノを置きたいのは、キッチンカウンターであり、そこが定位置なわけです。生活動線から見ても、そこに置くのがベスト。そこで、奥

様にご提案したのは、ご主人が置いておきたいモノを全てまとめて置けるレザープレートをキッチンカウンターに置いてはどうか、ということでした。

キッチンカウンターにバラバラと置いておくと、確かに見栄えが悪い。だから、そこには置いてほしくない……、奥様はそのように思い込んでいました。でも、見栄えの悪さをフォローできる、素敵なレザープレートを一つ置くことで、奥様の不満は解決できたようです。

なお、全ての場合においてＷＩＮ―ＷＩＮになるわけではありません。家族と生活する上で大切なのは折り合いをつけること。自分の考えを押し付けてもダメですし、家族のやりたいことを全て受け止めようとすると、今度は自分に負荷がかかります。「絶対にこうでないといけない」という思い込みを捨て、妥協点を見つけて、みんなが心地よく過ごせるようにすることが大切なんですね。

CHECK

使い勝手の良さを優先し、柔軟にモノの位置を決めよう

家族の生活動線 観察記録表

5W1H→Who（だれが）、When（いつ）、Where（どこで）、What（なにを）、Why（なぜ）、How（どのように）で考えてみましょう!

STEP 2
そのモノが、どの状態に当てはまるかをチェック
○定位置に置いていない→定位置を戻しやすい場所に変更
○定位置がない→家事動線、生活動線上に定位置をつくる

STEP 1
帰宅後に何を持ち帰っているのか挙げていく

STEP 3
現状を把握する

STEP 4
対応策を考える

「定位置」に置かない理由を考える

動線上に「定位置」をつくろう

Who 誰が	When いつ	What モノ	Where ①定位置に置いた	②定位置に置いていない	③定位置がない	④②③の場合どこに置いた?	Why なぜそうなったか?	How どうする?（対応策）	チェック ☑
夫	帰宅時	通勤バッグ		○		キャビネットの上	定位置はポール。ボールにかける動作が面倒	どこに置くのがベストなのか夫と相談する	
夫	帰宅時	ランチバッグ		○		キッチン調理台の上	帰宅後すぐに弁当箱を流しに置かない。ランチバッグは翌日使うので戻すのが面倒	弁当箱はすぐに流しに置くことを伝える。ランチバッグはキッチン横に引っ掛けられるようにする	✔
夫	帰宅時	スマホ	○						✔
夫	帰宅時	部屋着			○				✔
娘	帰宅時	ランドセル	○						✔
娘	帰宅時	体操服袋			○	机の引き出しにしまう	定位置がない。「どこ?」と必ず聞く	玄関横にフックをつけてかけてみる	
娘	帰宅時	帽子	○						✔
娘	帰宅時	塾のバッグ		○		机の横に床置き	定位置は娘の部屋だが、ランドセルや教科書は別の部屋に。動線の問題か?	娘と相談して、玄関横にフックをつけることに	
娘	帰宅後と月曜の朝	上靴袋			○	机の引き出しにしまう	定位置がない。「どこ?」と必ず聞く	玄関横にフックをつけることに	
全員	帰宅時	DM			○	ダイニングのテーブルの上	目のつく位置に置く癖がついている	玄関に紙ゴミボックスを設置。不要なものはそこで処分	✔

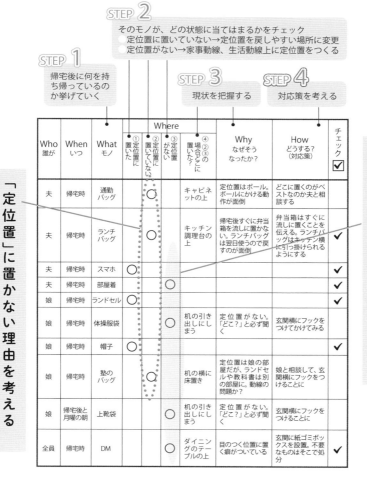

3

「取り出しやすく」「戻しやすい」場所がある

モノをしまいこまないで家族が使いやすく戻しやすいところに置いてみよう
しまうと出すのがめんどくさいのよ
お好み焼きよ――
プレート出して――
ひょい
は――い
〈ホットプレート〉キッチン→ダイニングへ
あ 汚れてる!
すぐっ!!
サッ
ゴゴゴ
ゴ
〈掃除機〉 納戸→リビングへ
あ~ 快適♡
サっと!
〈耳かき〉 薬箱→リビングのソファの近くの棚

✦家族みんなで使うモノも「生活動線」上に置く

モノの定位置、つまり住所を決めるためには、家族の生活動線を考え、モノを配置することが大切だということは、先にも述べた通りです。ここまでで、ご自分と家族の持ちモノは大半、定位置が決まっていることでしょう。

あとは、もうひと頑張り。**家族みんなで使うものも、やはり生活動線を意識し、何をどこで使うのかを考えて、モノの配置を考えていきましょう。**

✦「暮らしのイメージ」とリンクさせる

モノの置き場所を考えるときの基本ルールは、「取り出しやすく、戻しやすい」場所です。

第1章で考えていただいた暮らしのイメージとモノの置き場所をリンクさせていきましょう。

例えば、「週末に家族とのんびり過ごしたい」場合の例を紹介します。のんびり過ごす方法は人それぞれです。

仮に、こんなイメージを描いたとします。

物の置き場所を決めるときは……

「暮らしのイメージ」とリンクさせよう

ボードゲームは子ども部屋ではなく ····> リビングなど、取り出しやすい場所に置く

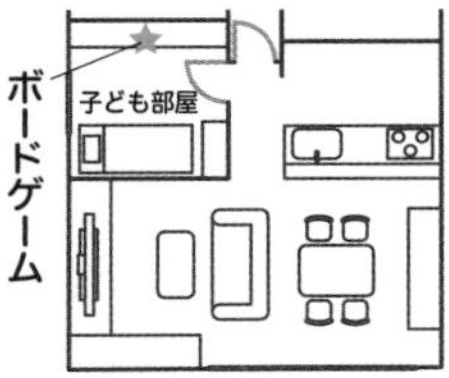

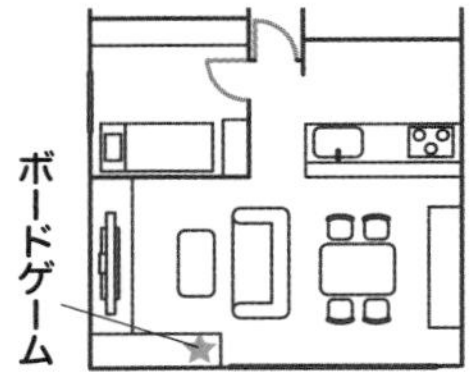

・子どもと一緒に、ケーキを作るなど、お菓子作りをしたい
・家族でボードゲームをしたい

ケーキ作りであれば、どのような道具が必要で、どこに置くかが明確です。なお、お子さんと一緒に作るのであれば、それらを高い棚にしまうのではなく、子どもが取り出しやすい場所においたほうがいいですよね。

土曜日の夜に家族でボードゲームをする場合、遊ぶ場所がリビングであれば、その置き場所は、子ども部屋ではなくてリビングにしたほうが取り出しやすく戻しやすいというメリットがあります。

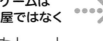

また、週末に夫婦でお酒を飲む方であれば、晩酌セットを買っておき、取り出しやすい場所にセットしておくのも一案でしょう。

あるいは、「月に1回は人を呼べる部屋にしたい」というイメージをもっている方であれば、ホームパーティーをしやすい部屋にするのもいいですね。例えば、

- **家族で遊べるゲーム**⬇リビングの出し入れしやすい収納場所にしまう
- **来客用のコップ、皿など**⬇ダイニングに置き、可愛いカゴの中に入れておけば、お客さん自身で取り出せる
- **ホットプレート**⬇キッチンではなく、ダイニングにしまう

こんなふうに、どんなふうに暮らしたいかを考えることで、モノの置き場所も自然と決まっていきます。

「ホットプレート」の置き場所を見直す

先ほど、ちらっとご紹介したホットプレートについて補足します。ホットプレートは、家族で焼き肉をしたり、お好み焼きを焼いたりと、非常に便利な道具です。

大抵のお宅では、キッチンにしまわれているようですが、**本来、ホットプレートを使うのはダイニングのはず。生活動線を考えたとしたら、ホットプレートは、ダイニングにしまっておいたら便利だと思いませんか？**

キッチン用品も、使い場所を重視して置き場所を考えると、使いやすくてしまいやすい本来の場所が見つかります。同じ理由で、私の実家では、炊飯器とトースターとコーヒーメーカーもダイニングに置いてありました。使うものは使う場所に配置する、これを基本に考えていきましょう。

「掃除機」の置き場所を見直す

あとは、掃除機。**私の家では、掃除機はリビングに置いてあります。**

スティックタイプなので、場所もあまり取りませんし、見栄えもいいので、置きっぱなしでも気になりません。掃除機をリビングに置いたことによるメリットは、ちょっと汚れているな、ちょっと気になる場所があるな、というときに、気軽に掃除機をかけられるということ。

また私の家では掃除機をリビングに置いたことによって、夫や子どもも気軽に掃除機をかけてくれるようになりました。なお洗面所は、リビングから遠いので、掃除機をわざわざ取りに行くのは手間だなと思い、ハンディワイパーを置くようにしました。どうしても髪の毛が落ちやすい場所なので、床が汚くなりがちな洗面所も、そこにハンディワイパーがあれば、掃除が苦になりませんよね。

✦リビングに「耳かき」を置いたワケ

Iさんのお宅では、リビングのソファのそばに耳かきを置いておくようにしたそうです。それは、ご主人がソファで耳かきをすることが好きだから。テレビを見ながら、耳かきをするのがご主人の至福のときだからなのだそうです。

「リビングに耳かき?」と思われるかもしれませんが、共有スペースで、誰がどのように過ごしたいのかを観察し、できるだけ快適に過ごせるような工夫をしてあげられると良いですね。

ただ、このときに、大切にしたいのは、家族みんなの共有スペースは、「パブリックスペース」だと意識すること。**快適に過ごしたいからと、共有スペースに家族それぞれが私物をたくさん置いてしまうと、片づかなくなってしまいます。**

例えば、お子さんが帰宅した後、宿題が終わるまでに、ランドセルを一時置いておく場所があっても良いと思うのです。ただし、「置きっぱなし」は禁物。後述しますが、**「リセットタイム」を設け、「この時間になったら、私物は各自が決めた定位置に戻す」ように意識することが大切ですね。**

CHECK
定位置を考えるときは、先入観にとらわれないで！

4

「アクション数」が減る収納のワザ！

少ないアクションで家事ができるかチェックよ!!
目指せワンアクション!!
塩・こしょう・砂糖が手に届くところにあるか？
あ〜っと塩…塩…塩…あった
わた わた
こしょうはこっち？
ラップ・キッチンシートは取り出しやすいか？
ラップ…ラップ…ラップ…あった…！
めちゃ奥〜
ストックの賞味期限を知っているか？
全然わかりません
とほほ…
ちゃんと見直さないと!!

✦目指したいのは「ワンアクション」!

動線に沿って、大体のモノの配置が決まったら、今度は、モノをどのように収納するかを考えて定位置を決めていきます。

収納場所を決めるには、「使いやすく、戻しやすい」を意識し、**手数を増やさず、「ワンアクション」でモノを取り出し、戻す、ということを優先して考えます。**

例えば、我が家では、以前はドライヤーをしまうとき、コードをドライヤーに巻き付けて、引き出しに入れてしまっていました。でも、使ったばかりの熱いドライヤーをすぐに引き出しにしまえないし、ドライヤーに巻き付ける作業も面倒。

そこで、病院やビジネスホテルなどで見かけるフック収納に切り替えたら、これが本当に楽!! 置いておいても散らかっている感じはしませんし、何よりワンアクションで取り出し、戻すことで片づけが楽になりました。

この「ワンアクションで」ということを意識しながら、モノの定位置を決めていくのです

〈キッチン・引き出し〉

ピーラー、キッチンバサミ、しゃもじなどの他、調味料を入れている。全てワンアクションで取り出し可能。

ボウル、ざるはまず水を入れるから「シンクに置く」と動きがスムーズ。

タッパー類をまとめて「調理台の下」に収納すると便利。

が、その前に、まずは収納場所にしまえるように、モノを分類していきましょう。

✦キッチンの収納例

キッチンの収納を例にとります。調理するとき、塩、胡椒、砂糖などをパッと取り出したいと思いませんか。

これらの調味料は、普段どこに置いていますか。わざわざ後ろを振り向いて、戸棚から取り出すのは面倒ですよね。**調味料は、サッと取り出せる場所、例えばコンロ周りの棚や引き出しに収納しておくと、とても便利です。**

このほか、調理台近くの棚には、保存容器やピーラー、キッチンバサミ、ラップなど、シンク周りの棚にはボウル、ざる、たわし、鍋、食器用洗剤などを置くと便利です。

お子さんの弁当箱やタッパー、ストックバッグなど、使用頻度が高いものは、すぐ取り出せる場所にありますか？ ご家庭によって、使用頻度は異なります。**ぜひ、使う頻度が高いものをピックアップし、それらを手近な場所に置くようにしてみてください。**

なお、めったに使わない皿や季節もののグッズなど、使用頻度の低いモノは置き場所を見直して整理しましょう。**一般的に、使用頻度が低くて軽いものは「上」に、使用頻度が低くて重いものは「下」に入れるのが基本です。**

キッチンの収納こそ定位置をしっかり決めておかないと、つい適当な場所にポンと入れてしまい、結局、どこにあるのかわからなくなってしまうもの。

よく使うものは手近に置き、そうでないものと区別することで家事の手間が減り、片づけのストレスもグンと減っていきますよ。

CHECK

まずはキッチンを見直して、「よく使うモノ」をまとめて手近な場所に収納しよう

5

ゴールデンゾーンに置くといいモノは？

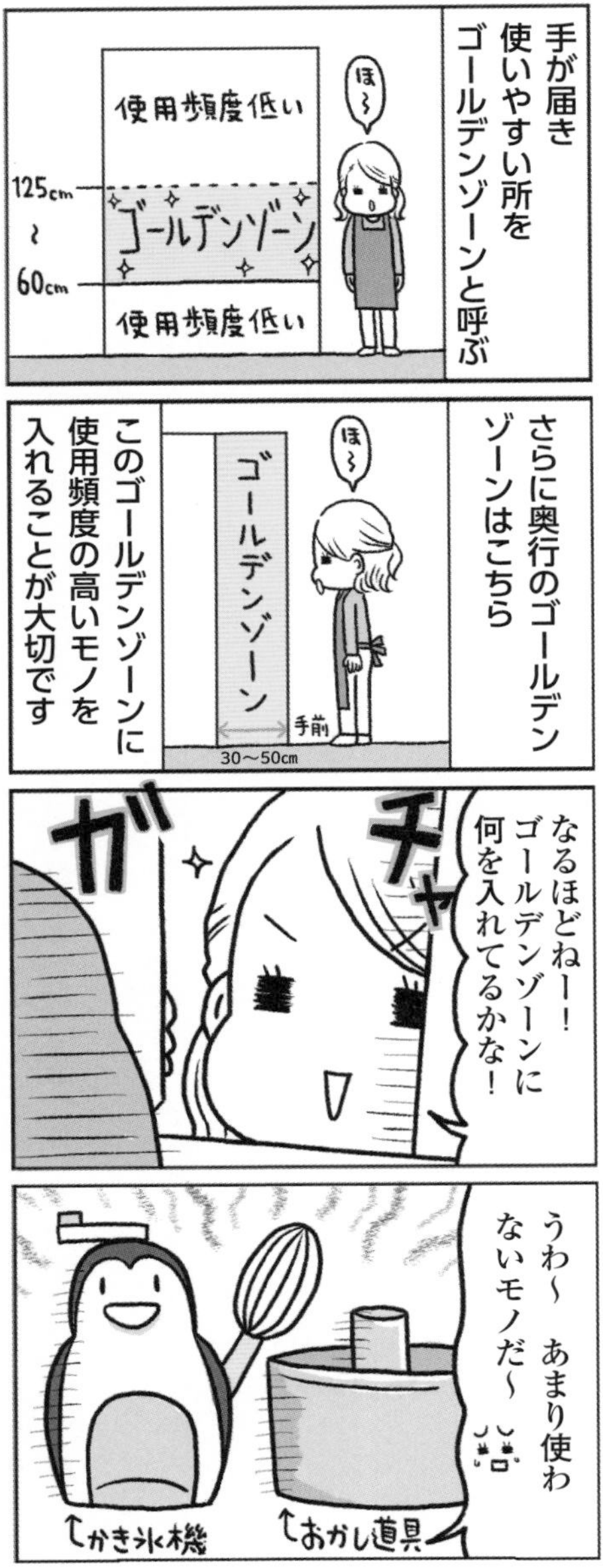
手が届き使いやすい所をゴールデンゾーンと呼ぶ
ほ～
使用頻度低い
125cm
～
ゴールデンゾーン
60cm
使用頻度低い
さらに奥行のゴールデンゾーンはこちら
ほ～
ゴールデンゾーン
手前
30～50cm
このゴールデンゾーンに使用頻度の高いモノを入れることが大切です
なるほどねー！ゴールデンゾーンに何を入れてるかな！
ガチャ
うわ～ あまり使わないモノだ～
かき氷機
おかし道具

✦ゾーン分けの基本は「大、中、小」

分類の最初のステップは、ゾーン分けです。使う場所で、グループごとに収納します。**キーワードは、「大、中、小」。** キッチンを例に考えてみましょう。まずは「大」のカテゴリー。ここではキッチンの棚を使うため、「キッチンで使用するモノ」と大枠を決めます。

次は「中」。使う用途ごとにそれらをグルーピングしましょう。例えば、「お菓子作りで使うモノ」、「お弁当作りで使うモノ」「毎日の食器」「乾きモノ、缶詰」「水、酒類」というように、分類していきます。

最後は「小」。グルーピングしたものを、収納用品などを使って、さらに細かく分けて、ワンアクションで出し入れできるよう、定位置を決めていきます。

✦一番意識したいのは、ゴールデンゾーン

ここで意識してほしいのは、ゴールデンゾーン。いわゆる、「一番良い場所」のことです。収納場所でいえば、一番手に取り出しやすく、戻しやすい場所。

ゴールデンゾーンというと、「高さ」と「奥行」、2つの見方があります。

まず「高さ」から考えてみましょう。**高さのゴールデンゾーンは、大体、床上60〜125cmくらいの位置を言います。**ここが一番、収納場所として有能な場所なので、ここには使う頻度の高いモノを入れるようにしましょう。

収納する場所が引き出しの場合には、一番上段は、大体あご下くらいのところまでと考えておくといいですね。

ゴールデンゾーンより下は、モノの出し入れにかがんだ姿勢にならなくてはいけない「低ゾーン」。床下収納や、下部の棚などが「低ゾーン」でになります。

ゴールデンゾーンより上は、出し入れに踏み台が必要な「高ゾーン」。「高ゾーン」には、吊戸棚や天袋などがあります。**収納のしやすさから言うと、「ゴールデンゾーン」↓「低ゾーン」↓「高ゾーン」の順。**この順番で、優先順位の高いモノから収納場所を決めていくと良いでしょう。

✦「奥行き」にも目を向ける

またもう1つ、「奥行」のゴールデンゾーンについても注意が必要です。みなさん、ゴール

大人と子どものゴールデンゾーンは異なる

大人のゴールデンゾーン
床上　60～125cm

Point

子どもがよく使うモノは
子どもの手の届く場所に置こう

デンゾーンというと、高さにばかり目が行きがちですが、**実は「奥行」にもゴールデンゾーンがあります。**

「奥行」のゴールデンゾーンは、立って体に肘をつけた状態で、指先から30㎝〜50㎝程度。高さと奥行、両面からゴールデンゾーンを考えて、モノの置き場所を考えることが大切ですね。

もちろん、個人差がありますので、実際には多少の誤差があると思います。実際にその収納場所を使う人が、どこまでがゴールデンゾーンなのかを判断するようにしてくださいね。

一般的に、ゴールデンゾーンに置くと便利なモノは、キッチンの場合、小型の調味料（塩、**胡椒など）、キッチンツール、ざる、ボール、よく使う食器類、カトラリー、茶碗、お椀などです。**

過去に、ゴールデンゾーンの引き出しの中に、なぜか、たまにしか出番のないキッチンクロスのストックが入っていた、いう方もいました。ストックをゴールデンゾーンに入れるのはもったいないと思います。なぜならストックは、「なくなったら補充するもの」なので、登場頻度は低いはずだからです。

使用頻度が高いものを優先に、ゴールデンゾーンを有効活用してください。

CHECK

ゴールデンゾーンには、
よく使うモノを入れると便利

6 「コの字の法則」「前後の法則」で収納するといい

知っていると役立つ法則
その1…
「コの字の法則」
見渡せる！
モノをコの字に収納すると探しやすく片づけやすい！
もう一つは
「前後の法則」
細かいモノを奥　大きいモノを手前に入れる
戻しやすい
取り出しやすい
小
大きい
今まで奥から雛人形を取り出して大変だったけど…
ぐちゃ
やっと取れた…
たしかに楽!!
助かる〜
前後の法則後
しかも見やすい

✦「コの字の法則」で収納する

モノを管理するには、三つの原則をクリアすることが大切です。

その三原則とは、「見やすい」、「取り出しやすい」、「戻しやすい」。これらの原則をクリアできれば、片づけは格段に楽になります。

ゴールデンゾーンと同じくらい、知っていると便利なのが「コの字の法則」と「前後の法則」。クローゼットや納戸にモノをしまうときに、知っていると非常に便利な法則です。

まずは「コの字の法則」から説明しましょう。

これは、**収納場所に対して、モノをコの字に収納する方法です。**通常、「コ」の凹の場所にも、モノを置きたくなるのですが、ここにモノを置いてしまうと、奥のモノが見づらく、また出しづらくなってしまいます。

収納場所に対して「コ」の形に収納すれば、全てのモノが見渡せるので、目当てのモノを探しやすいですし、いったん出したモノも片づけやすく便利です。**季節モノの片づけには、とても有力な収納方法です。**

戻すモノの凹凸を合わせて、テトリスのようにピッタリと入れていけば、うまく戻せたように見えるのですが、隙間なくピッタリと入れてしまうと、モノの出し入れが億劫になり、奥に何を入れたわからなくなるのは、よくあることですね。

✦「前後の法則」で収納する

もう1つの「前後の法則」は、細かいモノは奥に、そして、大きいモノは手前に置くという法則です。

例えば、大きくかさばる衣類コンテナのような大きな箱と、小さい箱類がいくつかあって、それらを入れなくてはならない場合、あなたはどのように入れるでしょうか。

大きくかさばるものは、気持ち的に奥に置きたくなるものですし、その方がおさまりがよく見えるものだと思うのではないでしょうか。でも、かさばるモノを後ろに置いて、手前に細かいモノをしまうと、奥のモノを取り出すときに、手前の細かいモノをいくつも取り出さなくてはなりません。

出すのにも時間がかかりますし、奥のモノを取り出して使ったあと、またしまうときに、元に戻す作業が非常に面倒になります。

アクション数を減らそう！

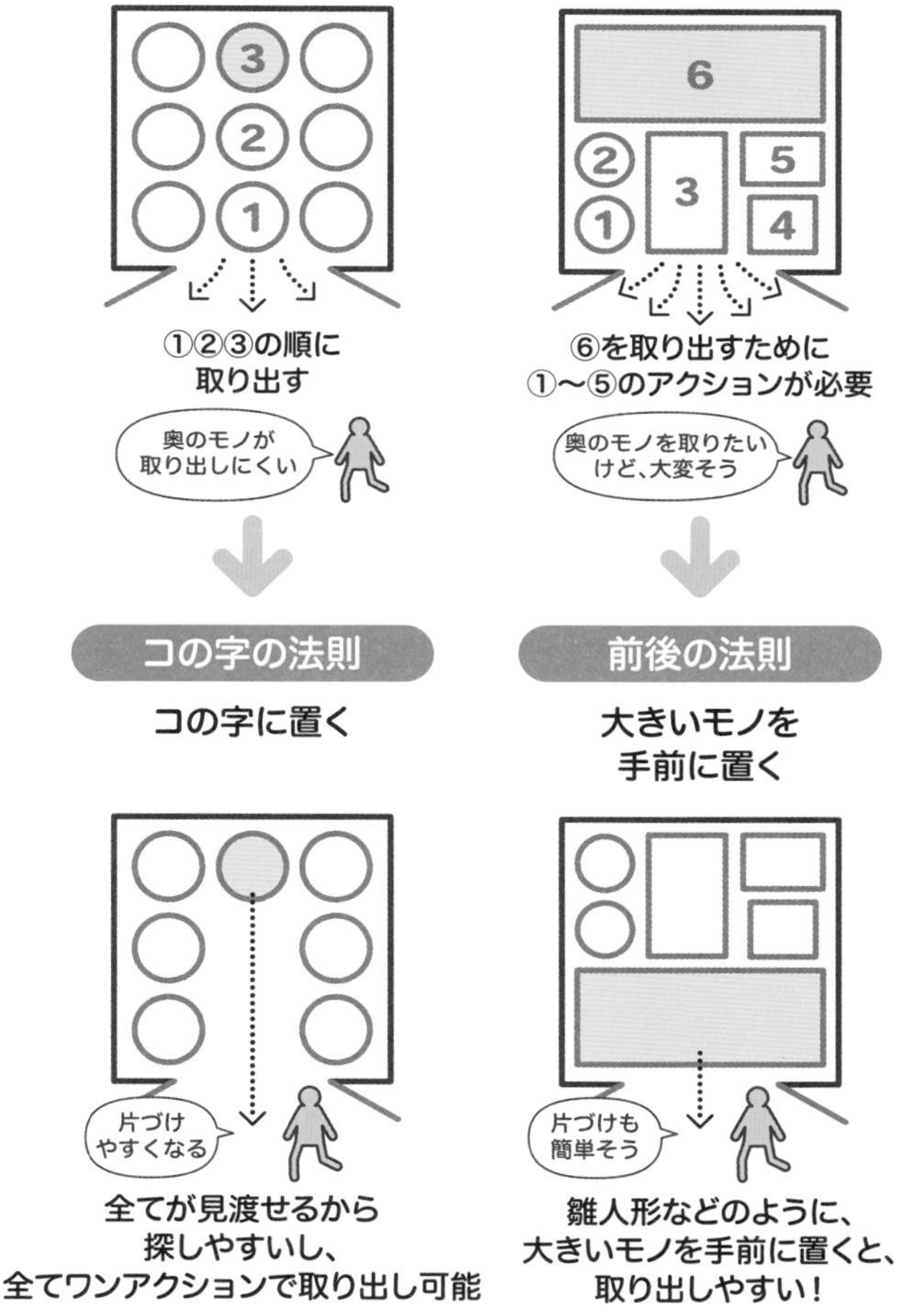
3
2
1
①②③の順に
取り出す
奥のモノが
取り出しにくい
6
2
1
3
5
4
⑥を取り出すために
①〜⑤のアクションが必要
奥のモノを取りたい
けど、大変そう
コの字の法則
コの字に置く
前後の法則
大きいモノを
手前に置く
片づけ
やすくなる
全てが見渡せるから
探しやすいし、
全てワンアクションで取り出し可能
片づけも
簡単そう
雛人形などのように、
大きいモノを手前に置くと、
取り出しやすい！

小さい箱類は奥に置き、手前に衣類コンテナのような大きな箱を置けば、奥のモノを出したいときに、手前の大きな箱を引き出すだけで済みます。**例えば、雛人形のように大きな入れ物などは手前に置くのがベストなんです。**なお、大きなモノは、すのこにキャスターをつけて、その上に乗せれば取り出しやすくなるのでオススメです。

見やすく、取り出しやすく、戻しやすい……、モノの管理の三原則をクリアできる「コの字の法則」と「前後の法則」、ぜひ試してみてください！

CHECK

使用頻度の「低いモノ」も、定位置を見直そう

7 リビングに持ち込む「郵便物」は減らせる！

ママー今週の日曜に集金があるよ――
覚えてる？
えっいくら!?
ほら 手紙に書いてあったでしょ？
まずい どの手紙だろー
ぱっ
で――――ん
・・・・!!!
ちょっとあとで見てみるわ…待って…
ちょっとすぐ…ムリー…
わかった
げっそり

✦「小さな不便」をそのままにせず、考える癖をつける

生活をする上で常に心がけておきたいのが、「どうしたら良くなるか」という視点で、生活を見直すこと。つまり、「考える癖」をつけることです。

どんな小さな不便でも、それを取り除くような仕組みを考える癖をつけると良いと思います。

私自身が困っていた「小さな不便」は、自宅に届く郵便物の処理でした。私は、そもそも紙類の分類が大の苦手。子どもたちが学校から持って帰った手紙の分類や保管についても、苦労したものでした。

かつての私は、そういった郵便物を、すべてリビングに持ち込んでいました。それで、「とりあえず」リビングのテーブルに置きます。でも、整理するのは、いつも後回し。「後でゆっくり整理しよう」とは思っているのですが、忙しさを言い訳にして、紙類がたまっていきます。だから、大事な資料や必要な書類もどんどん紙類の山の中に埋もれていき、いざ必要だというときに、すぐに見当たらない、などということも起こっていました。

小さい不便を放置すれば、それが積み重なって、必ず、未来の自分を苦しめることになります。**「紙類の山」から自分を解放するためには、どうしたらいいのか?**

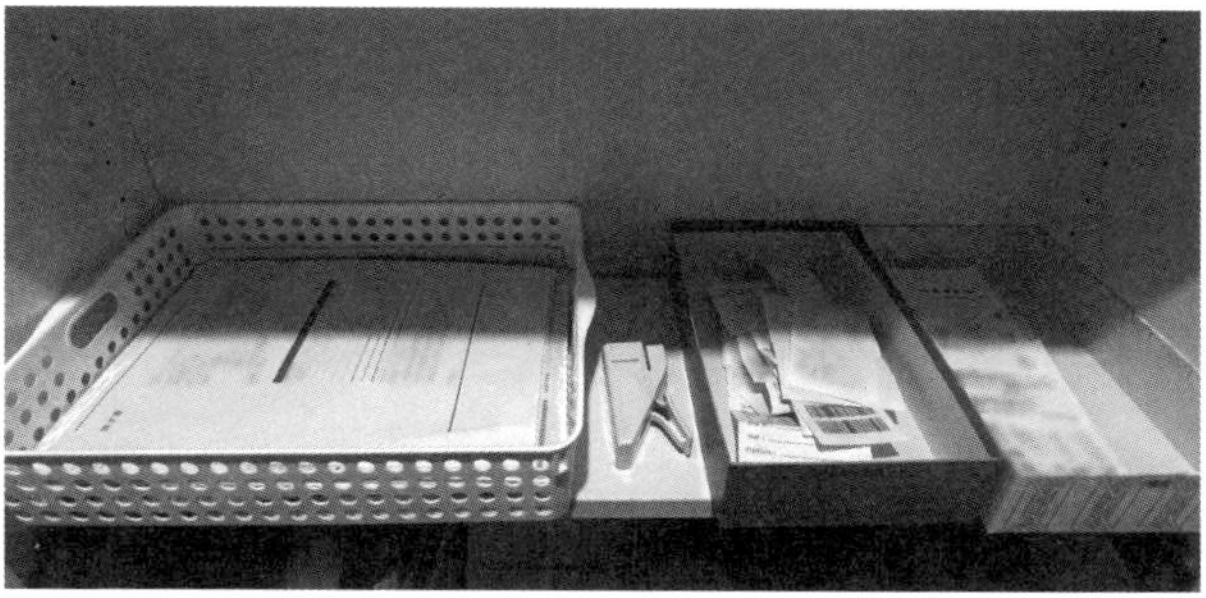

リビング扉のそばの棚に、「要」と判断した
請求書や領収書類を入れておく箱を置き、
すぐに入れられるようにしている。

✦郵便物の「要・不要」を振り分ける

まず私が変えたのは、自分の習慣です。**郵便受けから郵便物を取ってから、玄関に入るまでの間に、**全ての郵便物の「要・不要」を振り分けることにしました。郵便受けに届くダイレクトメールのほとんどは、一読したら終わりでよいもの。そもそも、リビングに持って入る必要がないわけです。

これで、紙類の山を作る第一前提は解決することができました。

その次にやるべきことは、「不要」と判断したモノを、どのように処理するかを考えること。

それで**私は、不要と判断した紙類を資源ごみに出すまでに置いておくためのボックスを玄関に置くことにしました。**

✦「領収書」などは、リビングに入る前に仕分けしておく

次は、「要」と判断したものをどのように処理するかを考えます。

私の家には、職業柄、請求書や領収書がたくさん送られてきます。それらは、適切に分類しなくてはならないので、**リビングの扉のすぐそばに、あらかじめ封筒を入れた箱を置いておき、そこに税理士さんに送る必要があるモノを入れておくことにしました。**

封筒を入れておくのは、月が替わったタイミングで、その箱にたまったモノを、封筒に入れて税理士さんに送ればいい仕組みにしたかったから。

これで、リビングに入るときに手に持っているのは、その他の重要な手紙や書類だけになっています。大方の郵便物はこの時点で、処分に回り、すでに「分類しなくちゃ」と思うような量ではなくなっているはず。あとは、それらの重要な手紙や書類をそれぞれ置いておく定位置を決めればいいだけになりました。

そんなに大仰なことをしたわけではありません。**実際に仕組みを変えたのは2つだけ。玄関脇に不要な紙類の一時置き場を作ったことと、リビングの扉脇に必要書類を入れること。**でも、この2つの仕組みが加わったことで、私は紙類の山を仕分けするストレスから解放されました。

少しでも自分の中で引っかかる不都合があれば、それらを放置せずに、解決できるまで考える癖をつけることが大切です。

CHECK

紙類を増やさないために、不要な郵便物をリビングに持ち込まない工夫をしてみる

8

「ゴミ箱」は少ない方が、家事が楽になる

とにかく「手数を減らすこと」が大事!! ゴミ箱の数は最低限に
あればあるだけ回収
必要…
リビング・ダイニングにゴミ箱を置きません ゴミはキッチンまで…
ポイッ
シンク内の三角コーナーもゴミ捨てやお手入れが必要なので置きません
ペットボトルや食品トレーをあらかじめ分別しておいて買い物ついでに気軽に持って行けるようにする
♪~
ついでに出しちゃおーっと♪
NOストレス♪

✦化粧品は、使う順番に置いておく

「頑張らない」片づけにするには、どうしたら日常の「行動の手数」を減らせるかを考えることが大切です。

例えば、毎日使う場所として、洗面台での手数を減らすにはどうしたらいいのかを考えてみましょう。我が家の洗面台は、左・真ん中・右の三面裏側に収納スペースがついています。今、私は、主人と二人暮らしなので、左と右のスペースをそれぞれに振り分けました。私は左側のスペースを使用することにしました。

このスペースに、私は基礎化粧品を収納しています。左上段から、メイク落とし、拭き取り化粧水、普通の化粧水、美容液、左下段に移って、アイクリーム、クリーム、ボディクリームの順番で並べています。

使う順に並んでいて、使ったら定位置にしっかり戻す。使いたいときに、すぐに使えるようにしておくことを基本に考えることで、行動の手数を減らすことができます。

✦使用後の段ボールを置く場所を決める

もう1つ、**我が家では「不要品出し」について、なるべく手数を減らす工夫をしています。**

生活の中で、不要品は絶対に出てくるもの。

例えば、段ボール。ネットショッピングが一般的になった今、段ボールを出す機会が非常に増えてきました。**我が家では、玄関に「段ボールステーション」を作って、資源ごみに出すまで、段ボールを置いておく場所にしています。**

段ボールをまとめて捨てるには、ひもやハサミが必要。それをわざわざ、どこかに取りに行くのはとても面倒です。だから、手数を減らすために、段ボールステーションには、ハサミとひもを置いておきます。これで、段ボールを出すのがとても楽になりました。

また、私は、不要品を集めて回る作業が好きではありません。

だから、ゴミ箱を置くのは、最低限の場所、玄関と洗面所、そしてキッチンのみ。リビング・ダイニングで出た不要品は、キッチンまで持ってきてもらい、キッチンカウンターに設置したゴミ箱に捨ててもらいます。

我が家では基本的にシンク内に三角コーナーも設置していません。三角コーナー自体のお手入れや除菌も結構面倒だからです。かといって、食べ物を扱う場所は、清潔な状態を保っておきたいもの。

ご飯を作りながら出たモノも、キッチンカウンターのゴミ箱に捨てることで、不要品を集める手数も減らすことができます。

CHECK

いつもの家事は、もっと手数を減らせる。どんな工夫ができるか考えてみよう

9

「衣替え」の手間はコレで減る

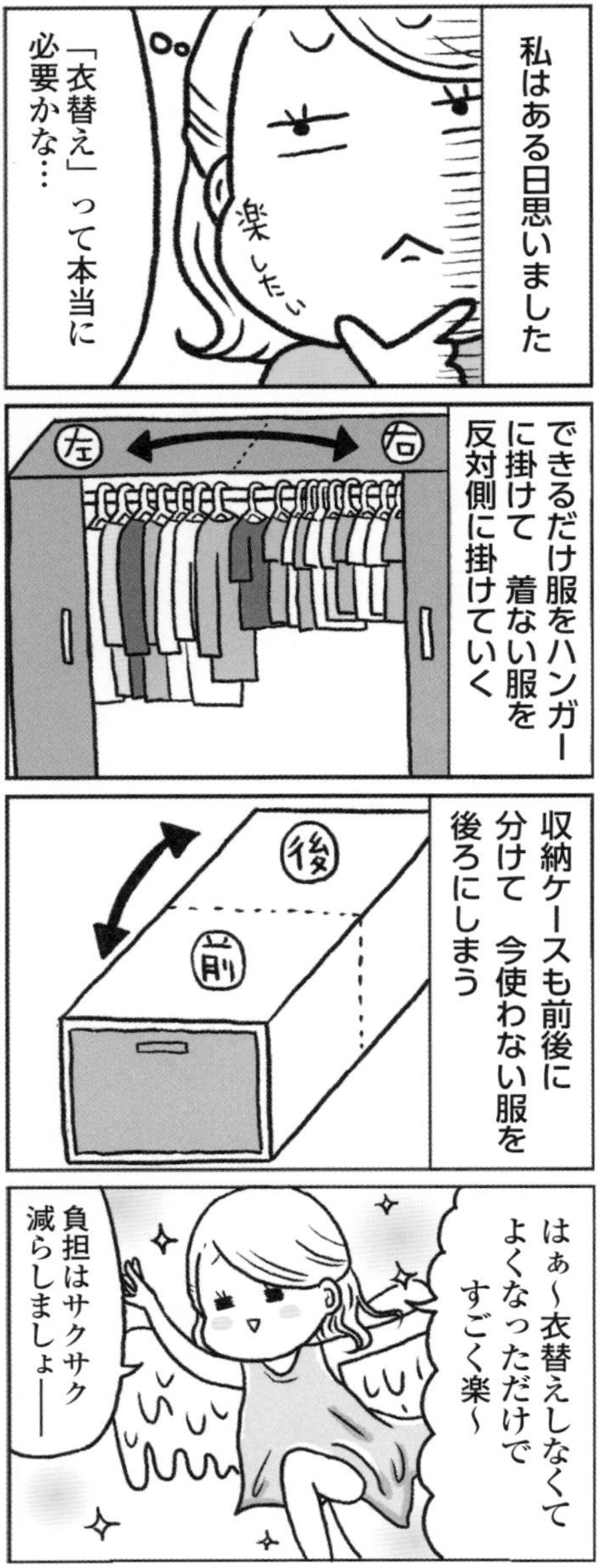
私はある日思いました
「衣替え」って本当に必要かな…
楽したい
できるだけ服をハンガーに掛けて　着ない服を反対側に掛けていく
左
右
収納ケースも前後に分けて　今使わない服を後ろにしまう
後
前
はぁ～衣替えしなくてよくなっただけですごく楽～
負担はサクサク減らしましょ——

✦手放せる家事もある

私たちが日常、「やらないといけない」と思っている家事の中には、手放してよい家事もあると思います。私にとっては、それが「衣替え」でした。面倒なのに、子どもが小さいうちは、子どもの数だけ衣替えの作業が必要になります。かつては、衣替えシーズンが憂鬱で仕方ありませんでした。自分にとって負担になることは、なるべくならやりたくないもの。

そこで、考えたのは、どうしたら「衣替え」という家事を手放せるか、でした。つまり、季節ごとに出し入れしなくて済む仕組みを考えればよい、ということです。

まず、できるだけ衣類はハンガー掛けでしまうことにしました。

これは、洗濯物を畳む手数を減らすことにもつながって、私にとっては一石二鳥でした。**ハンガー掛けにすることで、クローゼットの中身を左右で季節分けできるようになります。**気候に合わせて着られなくなった服は反対側に掛けていけばいいので、衣替えは必要ありません。

最近、シーズンレスに着られるものが増えているので、そういう洋服を置いておく場合もハンガー掛けはとても便利です。ハンガーに掛けない服については、収納ケースを前後に分けて

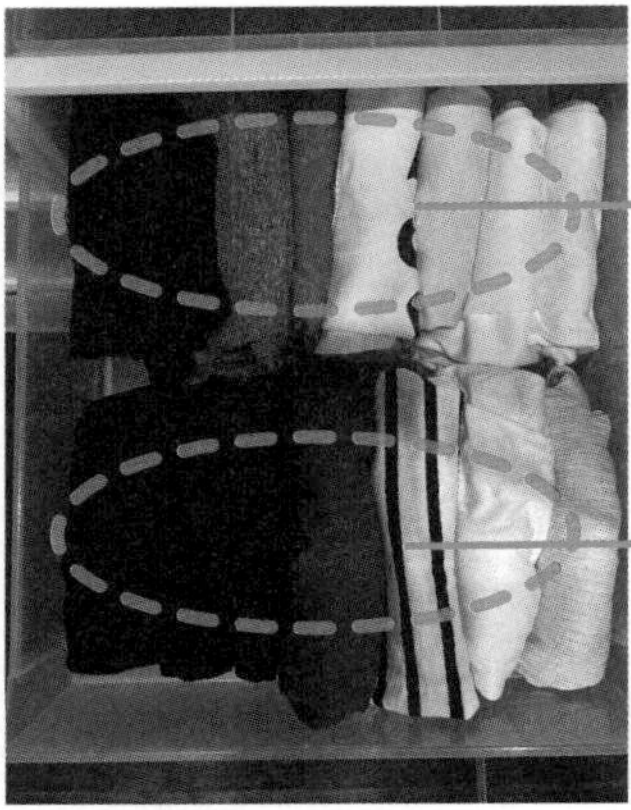

対応することにしました。今、着ているものは引き出し手前に、今、使わない服は引き出しの奥側に入れ、シーズンごとに前後を入れ替えることで、衣替えの手間が格段に減ります。

季節的に中途半端な時期もありますが、もう着ない、と思う服を後ろの引き出しにしまっていけば、自然と衣替えが終わっていく仕組みです。

ちなみに、衣替えにももちろんメリットはあって、それは、衣類を入れ替えるときに、要・不要の判断が下しやすいということだと思います。

私にとっては、「衣替えをしない」メリットの方が大きかったので、「しない」を選択しましたが、衣替えする、しないについては、ご自身や、ご家族にとってメリットが多い方を選択しましょう。

✦モノの量は家事の量

またもう一点、**衣替えを「する・しない」に関わらず、**大切なことは衣類の「要・不要」をアップデートしていくことです。

私は「モノの量」＝「家事の量」だと思っています。モノが増えると、管理の手間、整理の手間が増えます。だから、モノは多いほど、家事の量が増えるというわけです。衣替えに関しては、個人的には、冠婚葬祭用の服以外は、一年袖を通さなければ手放してしまってよいと思っています。

私がお片づけの相談に乗らせていただいた方で、転職したばかりの女性がいました。その方は、それまでは事務職だったのですが、私と知り合ったときには、保険会社に転職され、営業職としてバリバリ働かれていました。

そうなると、自然と着る洋服が違ってきます。事務職のときは制服もあったので、プライベートでは割とご自分がお好きなフェミニンな洋服を着ていたようですが、営業職に変わられたので、スーツが必要になり、新しい服をたくさん買われていました。

その方はお一人暮らしで、クローゼットにしまえるものが限られています。今後のビジョンを聞くと、「向こう3年~5年は仕事に邁進したい」とのこと。手持ちの洋服を着られる時間はないだろう、ということで、思い切って、フェミニンな洋服は全て捨てることにしました。

何度も繰り返しますが、「なりたい自分」、「送りたい生活」のために必要なモノだけ残しましょう。特に洋服に関していえば、旬が過ぎたら不要になるモノも多いもの。そして、デザインはかわいいけれど、着心地が微妙に良くない服、スタイルが悪く見える服は、取っておいても結局出番はありません。**いつ着るかわからない服を取っておくよりも、「そのときの自分に相応しい服」を大切にすれば良いのではないでしょうか。**

買ったモノは、手放すまで買った人に責任があります。最終的に、「要・不要」を判断するのも、その責任の一環。「いらない」と判断し、「今までありがとう」という気持ちをこめて、処分し、モノの絶対量を減らしていくことも大切ですね。

CHECK

収納ケースは、前後を入れ替えただけで完結する

片づけが苦手な

「編集者S」も、やってみました！ part3

写真に撮ることで「問題点」がわかり、
改善できました

私の場合は……

ポイント1

モノを手放し、棚などを整理

→片づけた部屋から出たゴミ袋は60袋以上に！　スッキリしました～

ポイント2

「収納場所の不足」を解消！

→10年前、買い換えるつもりで購入したカラーボックスを手放し、収納棚を購入しました。

ポイント3

動線を見直し「定位置」を作る

→小学生の娘がよくハンカチを持つのを忘れていました。動線上になかったため、定位置を変更した結果、忘れなくなりました！

After

全体像を撮ります

モノを減らし、新しい収納棚に紙や本をしまうことができ、スッキリしました！

After

「棚の中」も撮ります

右側が親、左側が子どものスペースに。まだモノが多いです……

図鑑などを入れました！

Before
〈キッチン・引き出し〉

Before
〈キッチン・棚〉

After

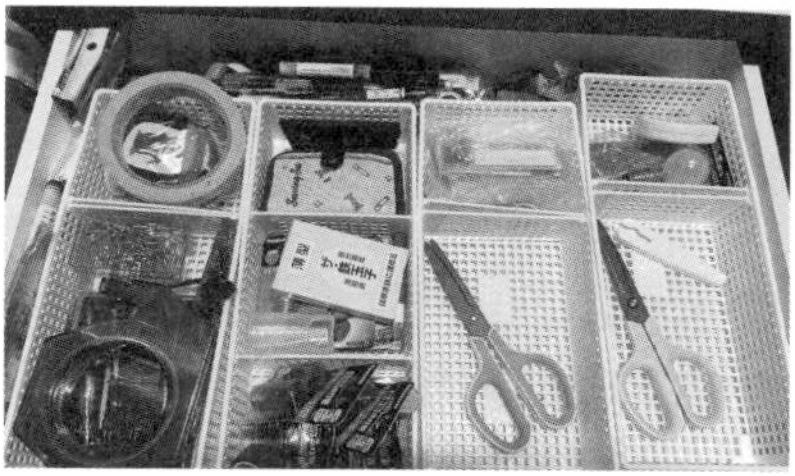

After

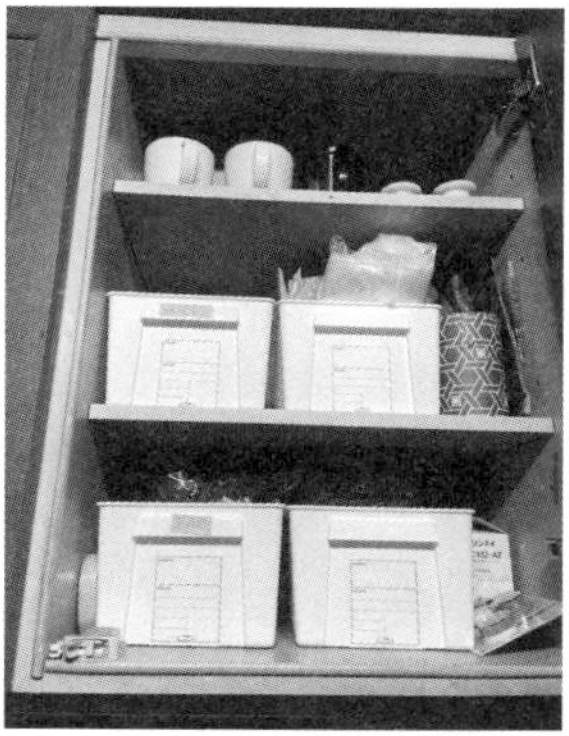

「仕切りグッズ」を
使ったら、必要なモノを
すぐに取り出せる
ようになりました！

ボックスを使って
整理しました

感想

片づけ前後の写真を見比べて、
その違いに感無量です！
写真を撮って視覚化することで
頭を整理しやすく、計画的に
片づけることができました！

Before〈リビング・棚〉

After

ココにハンカチを入れることにしました。動線上にあるので、出がけに娘が忘れずに持つようになりました♪

収納棚を購入しました。
まだ、モノが多いので、
さらに手放せるモノを
見つけようと思います

第5章

リバウンドしない方法は？

毎日の「リセット習慣」で、きれいを保てる

1 「すきま時間」を活用しよう

✦生活の中に、片づける時間を組み込もう

片づけを人生の一大イベントにするのではなく、日常の習慣に取り入れることが大切だということは、ここまで読んでいた皆さんにはご理解いただけていると思います。

「きれい」をキープするために、片づけを習慣化しましょう。

大切なことは「やる気を待たない」ということ。片づけのために、まとまった時間を取ろうと思うと、スイッチがなかなか入りません。でも、習慣にしてしまえば、生活の中に片づけが組み込まれているので、苦に感じることなく片づけに取り組めるのです。

片づけが苦手な方ほど、片づけに完璧な状況や条件を求めようとする傾向にあります。でも

片づけを習慣化するコツ

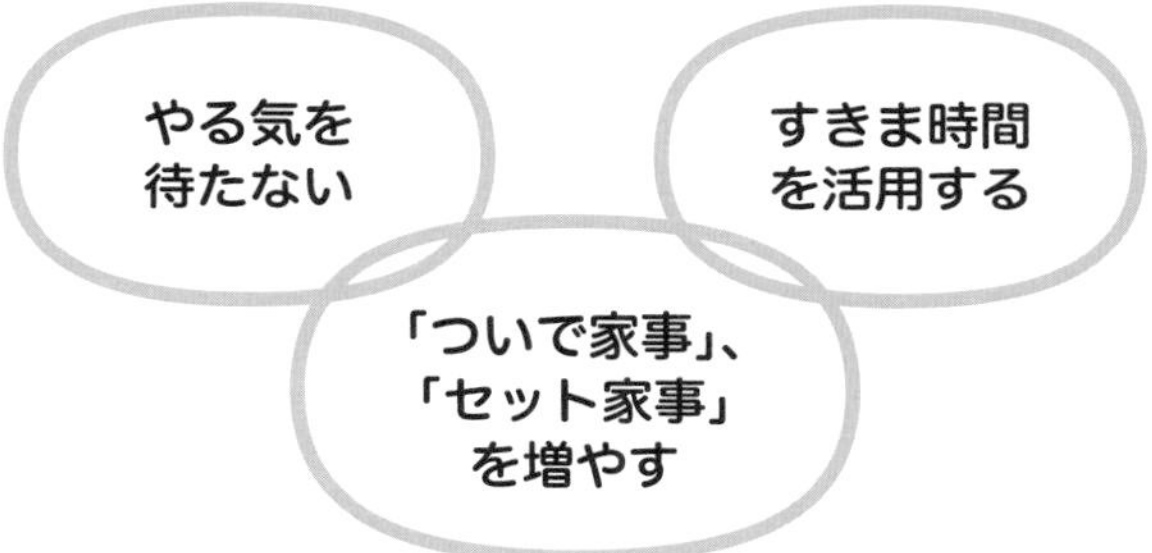
やる気を待たない
すきま時間を活用する
「ついで家事」、「セット家事」を増やす

Point

わずかな時間で、きれいを保てる！

ね、「片づけに完璧な状況や条件」なんて、揃うのが奇跡。そんな奇跡を待って、片づけに手をつけられないまま、ただ時間だけが過ぎていく……。もうそんなことはやめにしませんか？

やる気を待たないで、片づけに取り組むためには、**生活の中に片づけをうまく取り込むしかありません。そう、「すきま時間」を活用することが大切なのです。**

では、すきま時間を上手に活用するにはどのようにすればよいのでしょうか？

✦家事は小さなタスクに落とし込もう

まずは、普段行っている家事をできるだけ小さなタスクに落とし込んでみましょう。

でも、それぞれのタスクについて実際に何分くらいかかるものなのか、正確に把握している方は、あまりいらっしゃらないのではないでしょうか。

すきま時間を上手に活用するためには、そのすきま時間に何ができるかを自分が把握しておくことが大切です。

あなたが書き出したタスク一つ一つに対して、時間を計ってみましょう。例えば「洗濯」。洗濯機が回っている時間は、何分くらいでしょうか？

あなたは、洗濯物を干すのに何分かかりますか？　洗濯物を取り込むのは？　洗濯物を畳むのは？　洗濯物を分類して所定の場所に戻すには？　それぞれ、何分かかりますか？

もちろん、これは、家の広さや、家族構成によって違ってきます。まずは、ご自身が「それぞれのタスクにどれだけ時間がかかるか」を、しっかり把握しましょう。

タスクにかかる時間がわかれば、それぞれのタスクをすきま時間に当て込むことが可能になるのです。

例えば、出かける前の時間、つまり、すきま時間が10分あったとしたら、その10分で「できるタスク」を組み入れて、完了させれば良いというわけです。

当たり前のことですが、3分でできるタスクなら3つできますし、5分でできるタスクなら2つできる。1つでも2つでも出かける前にタスクが完了したら、とても気持ちがいい！

自分がやるべきことをできるだけ小さなタスクに落とし込むことができれば、短いすきま時間に割り振れることが多くなります。

特に、自分が苦手で後回しにしたいタスクであればあるほど、優先してすきま時間にやってしまうのがオススメです。人間、得意なことや、好きなことは、放っておいてもやるんです。時間がなければ、なんとか時間をつくってやってみましょう。

苦手なこと、嫌なことほど、すきま時間に割り振って、どんどん終わらせていきましょう。

✦「ついで家事」、「セット家事」を増やそう

すきま時間を上手に活用する上でオススメしたいのが、「ついで家事」や「セット家事」を増やすこと。

「ついで家事」は、文字通り、「何かのついで」にやる家事のこと。「ついで家事」にオススメ

なのは、掃除です。例えば、キッチンや洗面所。どうしても使うたびに水滴が周りに飛んでしまいますが、使うたびに乾いたクロスで拭き取っておきましょう。

他にも、夕飯の調理のついでに次の日のお弁当の下ごしらえをしてしまうとか、ストック分の野菜も切って冷凍してしまうとか、そういうちょっとした「ついで家事」にも積極的に取り組めると良いですね。

一方、「セット家事」は、例えば、似たようなタスクを一連の流れで終わらせてしまう家事のことを言います。

例えば、汚れた食器を洗って食洗機に入れてから、使ったガスコンロを拭いてきれいにするまでの一連の流れを「セット家事に」する。ハンディモップで棚上の壁の埃を下に落としてから、掃除機をかけるまでの一連の流れを「セット家事」にする。

「ついで家事」や「セット家事」が増えるほど、片づけが生活の中にしっかりと組み込まれていきます。そう、習慣化されていくのです。

特に寝る前は、多少面倒だと思っても、ついで家事とセット家事を増やしておいた方が良いと思います。

例えば、疲れていても、寝る前に水を一杯飲み、キッチンに立ったとします。そのついでに、食洗機に洗い終わった食器があれば、所定の位置に戻してしまいましょう。たぶん5分もかからずに終わってしまうはずです。

「面倒くさいな」「やりたくないな」と思って、「明日でいいや」と思うけれど、結局は、「今やらなかったこと」が明日のあなたに負荷をかけるわけです。

「食洗機の食器を所定の位置に戻す」、これ自体は、ほんのちょっとしたこと。でも、それをやっておけば、明日の朝、起きたあなたは、すぐに朝ご飯なり、お弁当なりを作り始められるわけです。

今の自分が「いやだなあ」と思っていることは、明日の自分も「いやだなあ」と思うに決まっているんです。今の自分がやりたくないことは、明日の自分もやりたくないはず。それなら、ちょっとだけ頑張って、明日のあなたを楽にしてあげませんか？

「今やっておけば、明日の私が楽になる」ということは、逆に言えば、目の前の「楽」を取れば、明日の自分の「苦」を生み出すということになります。

その「苦」が積み重なると、そのうち回収しきれなくなりませんか？　それが、「片づかない家につながっていくのではありませんか？

明日のあなたが笑顔で1日をスタートできるように、「ついで家事」、「セット家事」を上手に活用し、その日のタスクは、その日のうちに完了しておくように心がけましょう。

CHECK

ついで家事、セット家事で、家事を完了させていこう！

2 オススメは朝、夕食前、寝る前の「5分間」

1日3回のリセットタイムを大切に！

「きれいな状態」をキープするには、1日の中で「リセットタイム」を設けるのがオススメです。

「リセット」とは、「全てをもとの状態に戻すこと」。「リセットタイム」とは、1日の中で全てのモノが、そのモノの住所、つまり「あるべき場所」に戻る時間のことをいいます。

モノをうまく収納するためには、そのモノにしまう場所、つまり住所が設定されていなければなりません。でも、せっかく住所があっても、その住所に戻す時間が決まっていなければ、モノは戻りません。

理想を言えば、もちろん使ったモノを指定の場所にすぐ戻し、常にきれいな状態を保つのが一番良いに決まっています。

そうは言っても、「スグ使うものだから、ちょっと置きっ放しにする」とか「あとで使うから、すぐにはしまえない」など、使い手によっていろいろと事情があるもの。出したモノをすぐに元に戻すことが難しい場合もありますよね。

またお子さんがまだ小さい間は、実際問題、使っているおもちゃや、絵本を使ったらすぐに戻すなんて、なかなかできないのではないでしょうか。

私も子どもたちに、

「これ、今、もう使っていないなら、片づけちゃったら？」

と声をかけると、

「まだ使ってるの！」

「今、使おうと思ってた！」

と言われることもしばしばでした。

「本当？」とも思うんですが、それればかりは使っている本人にしかわからないことなので、仕方ないですよね。

1日3回のリセットタイムを持とう

朝5分 → 出かける前に部屋をチェック！

夕食前の5分 → 出したものをしまう！

寝る前の5分 → 定位置に戻っているかをチェック！

Point

全てを元の状態に戻せば、きれいを保てる

かと言って、ずっと出しっぱなしにするわけにもいきません。出しっ放しの状態が積み重なれば、元に戻すときに、結局は、自分や家族に大きな負荷がかかることになります。

そんなことにならないようにするために、1日に何回か「リセットタイム」を設けるようにすればよいわけです。

この「1日に何回か」というのも非常に重要です。「全てのモノをあるべき場所に戻す」のは、1日に1回でもいいのではないか、と受講生の方に聞かれたことがあります。

でもね、「リセットタイム」を1日1回に減らしてしまうと、かえって片づけは大変になるものなんです。各自が、片づけを意識しないで1日が過ぎると、思った以上にたくさんのモノが出しっ放しになっているものです。

ここでも、やはり「タスクは小さく」が原則。では、タイミングで考えれば、いつがベストか。オススメは、朝、夕食前、寝る前の3回です。

✦ベストなタイミングはこの3回！

①朝、外出する前

まず、「朝」。**朝、「外出する前」がオススメです。**

朝はバタバタしていて、片づける時間が取れないとおっしゃる方がたくさんいます。

でも、朝、片づかないまま、家を出てしまうと、その片づかない家が疲れて帰って来た家族を迎えることになります。

忙しい朝の数時間の間に、出したモノなんてたかが知れています。出かける前の5分で、家族みんなが気持ちよく「ただいま」を言える場所にして出かけましょう。

私は、いつも家族に、

「出かけるときは、必ず後ろを振り返ってね」

と話していました。

「そこが、あなたたちが『ただいま』と言って帰ったときに『お帰り』と迎えてくれる場所だから」と。

自分じゃなく、家族みんなが、朝、出かける前に片づいた状態にして、出かける習慣をつけられるといいですよね。

②夕食前

次にオススメのタイミングは、「夕食前」です。

家族全員が帰宅すると、それぞれが外出先から持ち帰ったモノがリビングに置きっ放しになっていたり、一度定位置に収まっていたモノが必要に応じて出された状態になっていたりします。

それをリセットするタイミングとしてオススメしたいのが、夕食前のタイミングなんです。夕食は、なるべく家族そろってとりたいもの。**夕食前なら、家族全員がリビングに集うので、皆で片づけに取り組みやすいんですよね。**また**「夕飯を食べる時間まで」というリミットが決まっているので、自然と行動が速くなるのが良いところ。**

お子さんが小さければ、

「ママがご飯を作り終わるのと、皆の片づけと、どっちが速く終わるか競争しよう！」

と声をかけてもいいと思います。きっと、お子さんはママに負けないように！ と頑張って片づけに取り組んでくれるはず！

小さいお子さんの場合、寝る前は、もう疲れて片づける気力がないということも多いので、おもちゃや、本、勉強道具なども、この時点で定位置にしっかり戻しておくと、後がとても楽になります。

③夜、寝る前

最後は、夜、「寝る前」です。朝、起きたときに、モノが定位置に戻っていなかったり、片づけるべき家事が残っていたりすると、1日を気持ち良くスタートすることができませんよね。

これも「出かける前」と同じで、次の朝、起きてきて、自分が「おはよう」という場所なのだから、ちょっと頑張って片づいた状態にして寝た方が気持ちが良いはずなんです。

キッチンに洗いモノが残っていると、朝食作りやお弁当作りの前に、まず「片づけ」というワンクッションが入ります。すると、やっぱり手間がかかるし、面倒に感じてしまいますよね。

「ついで家事」、「セット家事」のところでも書いたように、**我が家は寝る前に、食洗機の中も何かのついでに片づけることにしているので、朝、気持ちが良い状態でキッチンに立てます。**

洗面所に脱ぎっ放しの洋服があるのも、嬉しいものではありません。

我が家では、夜のうちにタイマーを仕掛けておき、朝起きたときには洗濯が既に終わって、干すだけの状態になっているようにしています。

他にも、私が寝る前に心がけているのは、ソファに置いてあるクッションをきれいに並べるとか、届いている郵便物を整理するとか、そんな些細なこと。でも、そんな些細なことを放っておくか、片づけておくかで、「明日の自分」が変わるんです。

ほんのちょっと先の自分を想像して、未来の自分になるべく負荷をかけないように、快適に過ごしてもらえるように、1日3回のリセットタイムを習慣化しましょう。

CHECK

リセットする「タイミングを決めておく」と続きやすい

3 1週間のすきま時間〈活用法〉

✦曜日ごとにきれいにする場所を決めておく

毎日、同じだけ情熱を傾けて片づけるというのは、なかなか難しいものです。曜日ごとに重点ポイントを決めておくと良いでしょう。いつものタスクに、曜日ごとにちょっと特別なタスクをプラスするようなイメージです。

私は、ルーティンを忘れないように、月・火・水・木・金・土・日、とそれぞれの曜日にちなんだことをやるようにしています。

月曜日は「目線より上」

月曜日の月は、見上げるものなので、上の方の掃除、例えばシーリングライトの掃除をするとか、壁の埃を落とすとか、そういうことをメインにやるようにしています。

火曜日は「火を使う場所」

火を使うところの掃除をします。ガスコンロとか五徳のお手入れ、換気扇の油汚れを落とすなど、キッチンを中心に掃除します。

水曜日は「水回り」

水回りの掃除ということで、シンクを磨いたり、排水溝の掃除をしたりします。

木曜日は「木に関連する場所」

木を使ったところ、ということで床を磨きます。クイックルワイパーをかけるも良し、水拭

曜日ごとに、
掃除する場所を決めよう！

月	**目線より上を掃除する** （例）シーリングライト、壁の掃除
火	**火を使う場所の掃除をする** （例）ガスコンロ、換気扇などのお手入れ
水	**水回りの掃除をする** （例）シンクを磨いたり、排水溝を掃除する
木	**木を使っている場所の掃除する** （例）床などを掃除する
金	**お金に関するものの掃除をする** （例）お財布の中を整理する
土	**土に関係する場所の掃除をする** （例）バルコニーや玄関などを片づける
日	**予備の日。手が回らなかったところを掃除する**

きをするも良し。最近、我が家ではブラーバにお任せしていますが、ブラーバを必ず稼働させる日を木曜日に設定しました。

金曜日は金にちなんで「お財布」

意外と放っておかれがちなお財布の中を整理するようにしています。ついついためこんでしまう不要なレシートを捨てたり、クレジットカードの順番をきちんと整えたり、お札の向きを整えたりといったお金回りのことをきれいにしていきます。

土曜日は「土に関連する場所」

土に関係する場所の掃除をしています。バルコニーや玄関の掃除など、土に関連した場所の掃除をしっかりやっていきます。

日曜日は「予備日」

その週に手が回らなかったところを掃除していきます。

こんなふうに曜日の漢字に結び付いた場所なので、忘れにくいですし、何より楽しいでしょう？　片づけにもそういう遊び心って絶対に大切なんです。

習慣化するには、ある程度、考えないで機械的にできることを決めておいた方が良いです。**気分に任せず、その日やるべきことをきちんとこなすことが、片づけをうまく回すコツです。**

曜日と片づける場所を関連づけると覚えやすいのでオススメです。

CHECK

曜日とリセットする場所を関連づけると覚えやすい

4

「自分の時間」が持てて、やりたいことができる！

時間の使い方が変わり、ゆとりが生まれる

「すきま時間を上手に活用することで、時間の使い方が変わった！」と話される方がたくさんいらっしゃいます。

例えば、「時間がないと思い込んでいたけれど、すきま時間をうまく使えるようになったら、今までよりも家事が早く終わるようになったので、ずっとパート勤務だったのを、思い切ってフルタイムの勤務に切り替えた」いう方がいらっしゃいました。

もう一つ、とても嬉しかったのは、お子さんが3人いらっしゃる中で受講された方が、「4人目も産めるかもと思った」とおっしゃったこと。

その方は、3人目を出産される前から、ずっと「家を片づけたい」と思っていらっしゃったようで、「産休に入ったら、絶対に受講する！」と決められたようなんです。

生まれたばかりのお子さんも含めての3人の子育てなんて、想像を絶するほど大変だと思うんですよ。でも、そんな大変な中、受講され、すきま時間を上手に活用して、ちゃんと片づけを完了されたんです。

そして、「忙しくても10分ならやれる、その10分の積み重ねで片づけて、時間的にも余裕が生まれて、そうしたら、4人目を考える余裕が出てきた」とおっしゃったんですね。

それをお聞きして、本当に嬉しかったんです。

片づけが、少子化を食い止める一つの手段にもなるんですね。まさに、「片づけは地球を救う」なんだ、と。

ちょっとしたすきま時間を見逃さないで、できるタスクを積み重ねていけば、時間に余裕が生まれてきます。そうすれば、これまで「自分には無理だ」と諦めていたこともできるようになるかもしれません。
すきま時間を上手に活用することで、生活は必ず変わります。ご自身がやりたいこと、やってみたいことの実現に近づくチャンスにしましょう。

CHECK

時間の使い方を変えると、可能性がドンドン広がる!

第6章

「私だけ疲れる～」から
解放されたい

よりラクになり、
家族と楽しく
暮らせるヒント

1 「写真作戦」で、子どもが片づけるようになった！

✦子どもが、いらないオモチャを捨てるようになった

家をきれいに片づけると、家や家族にたくさん良い変化が起こります。

特に、お子さんは環境の変化に影響されやすいので、片づけの効果がすぐに表れることが多く、私も受講生の方々のお子さんの変化を聞いて、いつもびっくりさせられています。

例えば、あるお宅では、お子さんがモノを捨てるのを嫌がっていました。

「もう使わないでしょう？」

といくら説得しても、頑として自分のおもちゃを捨てようとはしなかったそうです。

でも、少しずつ片づいていくおうちの様子を見ていて、何か感じるところがあったので

しょう。**ある日突然、自分のおもちゃを処分し出したそうです。理由を聞いてみると、「お友達を呼びたいから、きれいにするんだ！」とのこと。**その受講生の方も、家を片づける目的は、「人を呼べる家にしたい！」でした。

家をきれいに片づけてから、ご両親やお友達をお招きして、楽しそうにしているお母様のご様子を見て、お子さんも片づいたお部屋にお友達を呼びたい！　と思ったのでしょうね。

「あんなに片づけを嫌がっていたのに、びっくりしました！」

とおっしゃる受講生の方の笑顔を見て、私もとても嬉しかったことを覚えています。

✦片づいた部屋の写真を貼る効用

また、あるお宅では、お子さんが、

「ママ、今、この片づいたお部屋を写真に撮っておいて」

と頼んできたのだそうです。理由を聞くと、

「お友達が遊びに来て、最後にお片づけするときに、この写真を見てもらえばいいでしょう？」

とのこと！

聞けば、その方ご自身が、リビングに「片づいたリビング」の写真を貼っておいたそうなんです。

「みんな、夜寝る前には、この写真の状態にして寝ようね」と。

お子さんには、そうやってお母様が目に見える形に落とし込んでくれたことが、とてもわかりやすかったんだと思います。「じゃあ、僕もやってみよう」、そう思ってすぐに行動に移せるって、すごいですよね。

それまで、そのお子さんは、お友達と自分のおうちで遊んだ後は、一人でお片づけをしていたそうです。遊びに来たお友達には、片づけ場所がわからない。だから、仕方ないとは言え、散らかりっ放しの部屋を一人で片づけるって、結構負担がかかるもの。

でも、「こうやって片づけてね」という見本写真があれば、お友達を巻き込んで、一緒にお片づけができるんですよね。

✦「巻き込み型」の片づけについて

思えば、「巻き込み型」の片づけは、私自身も実践していました。子どものお友達が泊まりに来たときなども、「こうやって片づけておいてね」ときちんと相手に伝えるようにしていたんです。

子ども同士のコミュニケーションの中で、片づけの方法や場所を言語化して伝えるのは難しいかもしれません。だからこその「写真作戦」だったんですね。

友達が帰る前に、片づいたお部屋の写真を見せ、一緒に片づける……、そんな仕組みを考えて、実践することができたそのお子さん。お母様の「リビングに写真を貼っておく」という行動からヒントを得て、自分なりの仕組みを考えられる応用力には感心させられました。

また、その子は、後日、自分の引き出しを整理するために、自分のお小遣いで収納に使うボックスを100円ショップで買っていたそうです。「きれいになったら楽しい」、そして、一度きれいにしたら、「そのきれいさを維持したい」と考えるのは、大人も子どもも一緒ですね！

ここで挙げた例は、ほんの一例に過ぎません。片づけは、いろいろなことを良い方向に変えていくきっかけになるはず。

片づけることで起きる「奇跡」、あなたに、そしてお子さんにも、ぜひ体感してほしいです！

CHECK

片づけ後の写真を貼っておくと、家族が真似しやすい

2 家族を巻き込む「言葉がけ」

一人だと息切れするから

片づけの仕組みを考えて、実行できるようになっても、自分だけが頑張っていると、「どうして私だけ？」とギスギスした気持ちになりませんか？

家族と一緒に片づけに取り組むことで、時間だけでなく、心のゆとりも生まれるというもの。

私は、「片づけは家族を救う」と思っています。お母さんが笑顔になれば、ご主人も、お子さんたちも、きっと笑顔になるはず。ご自身がいつも笑顔でいられるように、家族を巻き込んで、片づけに取り組みたいですね。

家族を巻き込む「参加型の片づけに欠かせないこと」として、一番大切なことは「家族間のコミュニケーション」ではないかと私は思っています。

家族が少しでも早くやる気になってくれるような声がけや態度があれば実践したいですよね。

✦子どもには「一緒にやろうか」がオススメ

まずはお子さんの場合を考えてみましょう。お子さんの場合には、年齢によっても、声がけや巻き込み方が違ってきます。

小学生くらいのお子さんの場合には、やはり、一緒に取り組んであげる必要があると思います。「片づけなさい」ではなく「一緒にやろうか」と声をかけてください。

中学生以上のお子さんなら、もう全て自分でできると思うのですが、そのとも、「協力できることところはやるよ」という声がけをしてあげるといいですね。

大切なのは、「いる」「いらない」という選択を、必ずお子さんにさせるということです。

「要・不要」の選択肢は必ず持ち主にある、その原則はお子さんであっても一緒。

大人から見ると、「これはいるでしょう」というモノもあるし、「これはいらないでしょう」というモノもあります。

例えば、子どもが「これ、もういらない」って言ったモノに対して、ついつい「高かったのに」とか「思い出が詰まったものなのに」と言ってしまいたくなります。

でも、それは、大人の基準であって、子どもの基準はまた違うところにあるんです。失敗ももちろんあるでしょう。いえ、むしろ私は、失敗はどんどんするべきだと思うんです。

「あ、あれ、置いとけばよかったなあ」とか、「捨てちゃったけど、やっぱり必要だったかなあ」とか、そういう失敗も大切なんです。そこから学ぶこともたくさんあるから。

失敗はチャレンジした結果！

お子さんの片づけを、成長の過程として見守れる余裕を大切にしてください。

✦男の子への言葉がけ

年齢のみならず、「性別の違い」によっても声かけのポイントは変わってきます。

基本的に、男の子は、小さいころからヒーロー願望が強いようで、お母様から、「これお願いできないかな？」と頼られると、気持ち良く応えてくれるようです。

一緒にゴミ集積場にゴミを運ぶところから始めてみるのがオススメ。

「お母さん、これ一人で運ぶのが大変だから、お手伝いしてもらえないかな？」

そして、ゴミ捨てが終わったら、必ず、

「重いモノを運んでもらえて、本当に助かったよ。ありがとうね」

と、「あなたのおかげで助かったよ」という感謝の気持ちを伝えてくださいね。

ちなみに、私が、離婚した頃から息子に言い聞かせてきたことがあります。それは、家事は「手伝うもの」ではなく「シェアするもの」だということ。

「もしもあなたが結婚して、奥さんに『家事を手伝うよ』なんて言ったら、時代遅れだと思われるよ」、「シェアする、という気持ちが持てるかどうかが、いい男かどうかの判断基準になるよ」……、ことあるごとに言い続けたおかげか、手前味噌ながら、息子は、「家事がデキる男」に成長したと思います。

✦女の子への言葉がけ

女の子は、やっぱり「可愛い」や「きれい」が大好き。そして、誰かとそれを共有することが大好きです。

だから、「一緒にやろう」という言葉がけがオススメです。

あるお宅では、小学生のお嬢さんが登校するときに、ハンカチやティッシュを忘れるということが頻発していました。それで、どうすれば良いのか、ということで、**「何がいけないんだろうね。一緒に考えてみよう！」とお嬢さんと一緒に検証することから始めたそうです。**

検証した結果、彼女の生活動線上に置き場所がないからだと気づき、それまで置いていた子ども部屋から、リビングに、ハンカチ・ティッシュ・ランチョンマットなどをすべて一つの引き出しに収めることにしました。

それがうまくいくようになって、お嬢さんは忘れモノがなくなり、お母様は怒るストレスから解放されたそうです。お嬢さんにとっては、「ママと一緒に自分で考えた仕組み」。自分で悩んで、自分で考えた仕組みだから、自尊心が高まる。それが、また次の片づけにつながっていくんだと思います。

あとは、ご自身が片づけたところを、ぜひ「ねえ、見て見て！」と見せてあげてください。
例えば、ご自身が使っているクローゼットをすっきりきれいに片づけられたとして、それを、**「ママ、こんなにきれいに片づけられたよ！」と見せてあげましょう。**

「わあ、すごいね。きれいになったね！」

と誉めてもらえたら、しめたもの。

「もうママは、上手にできるようになったからね。もしあなたが、自分で片づけたいと思うようになったら、一緒にやれるからね」

と伝えてみてください。きっと、自分のタイミングを見つけて、片づけに挑戦してくれるはずです。

CHECK

男の子、女の子それぞれに響く伝え方がある！

3

ご主人を落とすのは最後でいい

褒めて感謝して。結果、動いてくれるから

子どもをうまく片づけに巻き込めたら、最後の砦はいよいよご主人です。

受講生のご家庭の多くは、ご主人をどう動かせばいいか悩んでいらっしゃいました。

私自身、前の夫は、家事全般にほぼノータッチ。それなのに、文句ばかり言われていたので、当時の私は孤軍奮闘、毎日、爆弾を抱えて家事をしていました（その爆弾が爆発したから、結局、離婚という結果になったのですが）。

今の夫と結婚してから、私自身が苦手なことを主人にお願いしたり、主人の得意なことを担当してもらったり、と協力して家事や片づけができるようになりました。

どうして、今の夫が協力してくれるようになったのか。それは、主人がしてくれることに対

して、私自身が感謝と尊敬の念をきちんと言葉に出して伝えるようにしたからだと思います。

「あなたの行動が、私たち家族や、おうちにこんなにプラスになっている！」ということを、ぜひ具体的にご主人に伝えてみてください。

✦本人の前で、子どもに感謝の気持ちを話す

あるご家庭では、ご主人が、ほんのちょっとだけリビングを片づけてくれていたことがあったのだそうです。そのご主人は、普段は、縦のモノを横にもしない人。普段は、片づけはもちろん、家事をお手伝いしてくれるタイプではありませんでした。

そのとき、奥様は、子どもに向かって、こう言ったそうです。

「ねえねえ、パパがお片づけしてくれたんだよ！　すごいね、きれいにしてもらえて、ママ、すごく助かっちゃった！」

これが、心からの感動だったのか、それとも心理学で言ういわゆる「ミラーリング効果」を狙った作戦だったのかは、定かではありません。

奥様の言葉を聞いて、**お子さんも、**

「わー、パパ、すごいねえ！　ママ、よかったねえ！」

などと盛り上がってくれました！

奥様とお子さんの言葉が奏功したとわかったのは、その後すぐ。奥様とお子さんのやり取りをそばでテレビを見ながら聞いていたご主人、その後、ご自分の部屋に行って、お片づけをされていたそうです。

直接相手を誉めたり、逆に誉められたりするのは、ちょっぴり照れくさいかもしれません。そんなときは、ぜひ、ご主人のいらっしゃる場で、お子さんや周囲の人に、ご主人がやってくれたことをアピールし、感謝してみてください。

第三者から、「すごいね」と認めてもらえるって、嬉しいものです。ご主人を直接誉めるよりもずっと大きな効果が得られるかもしれませんよ！

✦こんな声かけをしてみる

男性はロマンチストが多い傾向にあります。女性よりも男性の方が、モノに思い入れがある方が多い。

古いレコード、もう着ないような革ジャン、昔のアニメのフィギュア……、こちらから見ると、「どうしてこんなモノを取っておくの？」と首を傾げるようなものを大切にしている男性は非常に多いです。

でも、やはり、ここも「要・不要」の基準を決めるのは所有者であるご主人。極論、取っておいても、生活に支障をきたさないのなら、取っておいても構わないと思います。

ご主人のプライベートスペースに収まりきるのであれば、それは彼のコレクションとして取っておけばいい。もし収まりきらないのであれば、そこからはみ出してしまうモノは何か、処分するモノは何かと優先順位を決めてもらって、処分していくというのも一つの考え方です。

あとは、ご主人を共有スペースの片づけにどんどん巻き込む作戦もオススメです。

重いモノを運んでもらったり、ゴミを捨ててもらったり、そういう中で、部屋がどんどんきれいになっていくのを目の当たりにすれば、ご主人もきっと「やってみようかな」というマインドになるはず。

CHECK

しつこいぐらい褒めて、感謝するぐらいがちょうどいい

4

部屋を片づけていたら、ご主人が協力的になった！

頑張りをご主人は見ている

奥様が一生懸命に片づけをしている姿を見て、ご主人が自主的に協力してくれるようになったという例もたくさんお聞きしました。

あるご家庭では、奥様がお一人でご自宅のあちらこちらを懸命に片づけされていたそうです。昼間は仕事と、お子さんのお世話、そして夜は片づけ……と孤軍奮闘されている姿を見て、ご主人も考えるところがおありだったのでしょう。

ある日、ご主人が奥様に、「ちょっと、頑張り過ぎだよ」とおっしゃったのだとか。

「頑張っているのは偉いけど、頑張り過ぎは良くないよ。もし今日中にやりたいことがあるんだったら、僕がやっておくから、何をしておけばいいか教えて」

もう泣けてきちゃいますよね。

でも、**これは奥様が真摯に片づけに向かう姿にご主人が感動したからなのだと思います。本気度を行動で見せることは、やはり大切なことだと思いました。**

また、こんなこともありました。その方は税理士さんで、とてもお忙しい方だったんです。でも、「どうしてもリビングを片づけたい！」という意志が強くて、私もZoomで何度も相談に乗っていました。

Zoomなので、当然、そばにご主人がいらっしゃることも多くあって、奥様と私の話が自然と聞こえていたのだと思います。奥様は、リビングにある棚をキッチンに移したいという明確な希望をお持ちでした。その話を私にZoomでされていたんです。

「何をどこに動かして、こんなふうにしたい」というのを具体的に私に説明しているのをご主人は、しっかりとそばで聞いていらっしゃったのでしょう。

ある日、奥様がお仕事から帰られて、びっくり！　ご主人がお休みを使って、奥様のご希望をかなえてくださっていたのだそうです。もちろん、リビングにある棚は、ちゃんとキッチンに移動されていました！

この場合、奥様が明確なビジョンをお持ちで、それが間接的な形ではあるものの、ご主人に伝わったことが良かったのだと思います。

特に男性の場合、しっかりとしたビジョンがある方が片づけに参加してくれやすいようです。

それこそ「5W1H」、つまり、「だれが（Who）」「いつ（When）」「なにを（What）」、「どこで（Where）」「なぜ（Why）」「どのように（How）」を伝わるようにすると、「ここは僕ができそう」「これは僕がやっておく」と手を挙げやすくなるのではないでしょうか。

CHECK

やりたいことを明確にしておくと、男性は協力しやすい

5 他人のやる気は気長に待とう

無理強いしないほうがうまくいく

片づけを実行するには「やる気を待たない」ことが大切と書きました。

でも、それは自分に限っての話。他人に関してはやる気を待つことが大切です。

あるご家庭では、ご主人が大のコレクション好き。奥様が「こんなのまだ取っておくの？」と思うような古いおもちゃや、ゲーム機器をずっと取っておくタイプの方でした。

「もういらないでしょう？」と声をかけても、頑として首を縦に振らなかったようで、奥様は私の前でため息ばかり。私は、その方に、「とりあえずは、片づけているところを見せるだけでいいと思いますよ」とアドバイスしました。

そこで、その方は、自分が持っている本だったり、CDだったり、アクセサリーだったりを手放し、業者に買い取ってもらう作業を始めたそうです。

最初は、全く興味なさそうにしていたご主人でしたが、**奥様と子どもたちが、**

「これ、いくらで売れると思う？」

「意外と高く買ってもらえたね！」

「このお金で、外食しよう！」

などと盛り上がっている様子を見て、段々と関心が湧いてきたのでしょう。ある日、「今度、売りに行くときは、僕も一緒に行こうかな」とおっしゃったそうです。結果、ご主人のコレクションはすべて買い取りに出し、おうちもスッキリ。意外と高く買い取ってもらったので、そのお金を使って、ご家族でディズニーランドに行かれたのだとか。

「あのとき、しつこく片づけを勧めなくてよかったです！」

ため息ばかりついていた頃が嘘のような晴れ晴れとした笑顔で、こちらまで笑顔になりました。自分のやる気は待たない、でも、他人のやる気は待つことが大切なのです。

CHECK

他人は変えられない。
自分ができる片づけをコツコツやろう

6

離婚しそうだったご主人と良い関係に！

✦家出までしたご主人が優しくなった！

片づけは、家族円満につながるというのは、私の持論です。つまり、逆に考えると、「片づかない」「片づけられない」というのは、そのまま家庭の不和に直結するということだと思います。

片づかない家、ひいては片づけられない奥様に絶望しているご主人は意外と多いようです。ご主人が几帳面で、奥様は片づけが苦手、というご家庭も結構多く、その場合は、悲劇が起こりがち。

いつまでも片づかないおうちにご主人はイライラする、奥様は文句ばかり言われてイライラする。片づけを引き金に、お互いの悪いところがどんどん見えてきて、「離婚しましょう」というところまで来てしまっている、というご家庭を実際にたくさん見てきました。

あるご家庭では、45日間の片づけプログラムの真っ最中に、ご主人が出て行ってしまったということがありました。片づけの途中、モノを捨てるのに取捨選択したり、動線をもとに置き場所を決めたり、という作業中、一時的にたくさんモノが散らかってしまったのだそうです。「片づけプログラムを始めたものの、いつまでも家が片づかないのに業を煮やした夫が家を出て行った」とお聞きして、当時はとても心配しました。

でも、**ご主人がご自分のモノを取りに帰られたときに、見違えるように片づいたご自宅を目の当りにして、びっくりされたんでしょうね。なんと、その日のうちに家に戻って来られたのだそうです。**しかも、奥様の大好きなケーキとお花を買って。

それを聞いて、とても嬉しくなりました。ご主人のお気持ちが180度変わったわけですから。片づけの力って、やっぱりすごいです。

また、家族で一緒にお片づけをすることで、家族仲が深まる、というのもよくお聞きします。

最近、こんな嬉しいご報告もいただきました。片づけ前は、そのご家庭は、「ママ＋子ども」対「パパ」のような構図で、奥様とご主人は冷戦状態、口も殆どきかないような状態だったそうです。

でも、「ここはご主人の意見も聞いてみて」とか「ご主人にも協力してもらって」という機

会を何度かつくるうちに、少しずつコミュニケーションが生まれていきました。最初はお互い直接は話せなくて、子どもを介して意思疎通をしていたようですが、片づけのステップを踏んでいくうちに、直接的にコミュニケーションがとれるようになりました。

一緒に片づけていくと、頼んだり、頼まれたり、やってあげたり、やってもらったり、という場面が増えていきます。その中で、自然と「ありがとう」の回数が増えてきて、**「気がついたら、前よりもずっと仲良しになっていました」とおっしゃる奥様は、恥ずかしそうで、でもなんだか嬉しそうで。**家族が「ワンチーム」になれるのも、片づけの魔法なんだ、と日々感じています。

CHECK

片づけを通じて、家族の結束も強まる

エピローグ

家を片づけて
心機一転！

暮らしの
イメージが
未来をつくる♪

家を片づけて心機一転！

ギイイイイ～
ただいまぁ～
あぁ…食器がたまってる…洗濯もしないと明日の服が…
ピ
畳む気力が出ない
グチャ…
フラ
ヨボ…
とりあえず寝ないと…12時過ぎてる…
グチャ

✦息子の一言が背中を押した

これまで、「片づけると人生が変わります！」という話をしてきましたが、これは私自身の体験からくるものです。

かつて私の家も「片づかない家」でした。
片づかなくなったのは、離婚協議がきっかけです。

離婚協議が始まる前は、いわゆる「丁寧な暮らし」が大好きで、子どもたちにお菓子を手作りしたり、梅を漬けたり……。それが当たり前の日々でした。20年間、専業主婦をやってきた私にとって、離婚協議なんて、まさに青天《せいてん》の霹靂《へきれき》。

でも、途方に暮れてはいられません。離婚を決意してからは、2人の子どもたちと一緒に生きていくために仕事を始めなければならなくなり、それまでのようにきちんと片づけができなくなってしまいました。

最初は、週末に片づければ何とかなると思っていました。でも、次々に「今、やらなければならないこと」が襲ってきます。すると、だんだん片づけるべきモノや、片づけるべき場所が少しずつたまっていって、気がついたときには、家が荒んでいました。

夫と離婚した日の夕方、助手席に座っていた14歳の長男が私に言いました。

「俺、ずっと家が嫌いだった。相手が悪いというように、いつも誰かや何かのせいにしている。俺はそれを聞くのが嫌だった」

わかっていたことだったはずなのに、そうやって言葉にされたとき、すごく悲しくなりました。そうさせたのは、私だ。居心地の良い家を作れなかった私がいけなかったのだ、と。

「ごめんね」

そう長男に謝ると、彼は、

「もういいよ、すべて終わったことだから」

と言いました。そのときに、私の中でスイッチが切り替わったのだと思います。

そうだ、もう終わったんだ。これからは、子どもたちと一緒に、新しい生活を楽しんでいこう。まずは、子どもたちのために、私は何ができるんだろう。

「ママが、今できることって、何かな？」

長男に聞きました。すると、長男の答えは、こうでした。

「俺、友達を家に呼びたい」

これが、すべての出発点になりました。そうだ、まずは、家を片づけよう。笑顔が集う「家」を取り戻そう。こうして、片づけを開始することにしたのです。

✦子どもたちに伝えたSOSで、家族がチームに！

長男が友達を呼べる家にしよう。それが、当時の私の目標でした。

でも、闇雲に家を片づけても、今までと同じように片づいた家をキープすることなど夢のまた夢だということもわかっていたのです。

家が荒んだのは、私が働き始めてからでした。それまで、20年間専業主婦をやっていた私。大げさなことを言えば、1日24時間すべてを家のことに費やすことができる環境でした。もうそんな生活には戻れません。

同時に気づいたことがあります。それは、家の片づけの担い手が「私」一人だったこと。だから、「私」が家庭で機能しなくなると、自動的に「片づかない家」になってしまっていたの

です。

もし、子どもたちと何も話し合わないまま、家を片づけたとしても、時間が経てば、元に戻ってしまうと思いました。それで、私は、2人にこんなふうに話したのです。

「これからは、今までお父さんがやってきた役目も、ママが担わないといけないの。だから、今までみたいに、家事全部をママがやることは絶対に無理だと思う」

そして、私は子どもたちにお願いしたのです。

「私と、あなたたち、3人。家族でチームになってください」

これまでの私は、家事を全部やるのが当たり前でした。

でも、もうこれからは、そんなことはできない。だから、思い切って子どもたちにSOSを出しました。

「ママの苦手なことは、助けてもらいたいの」

子どもたちにSOSを出すなんて考えたこともなかった。「できないこと」を「できない」と言うなんて、恥ずかしいことだと無意識のうちに思っていたような気がします。「できない」ことを努力して「できるようにするのが当たり前」なんだと。

でも、本当はそうじゃなかった。子どもたちの答えは、いたってシンプルでした。

「わかった。じゃあ、まず何からしたらいい？」

子どもたちにSOSを出せたのは、私にとって大きな一歩になりました。

片づけはチーム戦！　一人で闘わなくていいのです。

それから3人で「どんな暮らしをしたのか？」についてじっくり話し合いました。

私と子どもたちで共通していた希望は「笑顔が集う家でありたい」ということ。

私たちが描く「理想の家」の実現のためには、やはり、片づけること、そして、その片づいた状態を維持させることが大切だという共通認識を持つことからスタートすることにしたのです。

✦暮らしのイメージが「家族の未来」をつくっていく

息子の言葉がきっかけとなって始めた片づけは、結果的にきっかり45日間で終えることができました。とくに感慨深かったのは、4トン分の不要品を出しきり、ガランとした部屋を見たときのこと。ホッとしたと同時に、「いよいよ、これからだ！」と闘志が湧いてきたのを覚えています。

本書で、特にお伝えしたかったのは、「片づいた後の暮らしのイメージを持つこと」の大切さです。

この原点は、子どもたちと話し合い、暮らしのイメージを持ったことからきています。

暮らしやすい家とは、見た目のきれいさを追求した家ではなく、家族が必要なモノを取り出しやすく戻しやすい場所に置かれていて「片づけやすい」、きれいを維持しやすい家のことです。

そんな原点を思い出させてくれた子どもたちに感謝しています。

片づけの出発点は部屋をきれいにすることですが、同時に家族の願いを取り入れた「暮らしやすさ」を大事にするという視点を忘れないでほしいと思います。

おわりに

現実的に考えれば、「片づけ」は一生に一回のイベントではありません。生活していく限り、一生やり続けるものだと思います。

でも、これだけは言えます。部屋がゴチャゴチャで、足の踏み場もないほど散らかる状態は、1回きりで終わりにできますと。本書では、どんなに散らかっていても、片づけられるコツをお伝えしました。

大事なことは、一度きれいにした状態をずっと続けていくことです。そこで、「片づけを習慣化」するための方法も併せてご紹介しています。

本書をお読みいただく方の中には「片づけが苦手」と感じる方も少なくないと思います。私

も最初から得意だったわけではありませんでした。

では、なぜ片づけの習慣化をオススメするのか？

それは、私たち女性が仕事のみならず、家事、育児、やがては介護というように、やるべきことがたくさんあり、自分の時間を持つことが難しいからです。仮にパートナーが協力的であったとしても、それらのごく一部しか、任せることができないというのが実情ではないでしょうか。

「いつかまとめて片づけよう」と思っても、そんな日はなかなか訪れません。
そこで、提案しているのが10分程度の「片づけ習慣」です。

一度、部屋をきれいに片づければ、あとは短時間のリセットできれいをずっと維持できます。本書でご紹介している方法で、ご自分を楽にしてあげてほしいなと思います。

長年、ワンオペ家事をされている方は多いと思います。私もずっとそうでした。家族みんなが、お母さんがやってくれるのを当たり前だと思っている状態。本当にしんどいですよね。

私が本書でお伝えしたかったのは、こうした「一人で頑張る状態」から、家族が協力できる範囲を少しずつ広げていくことで、お母さんの負担を減らしていける、ということです。

「どうせやってくれないだろう」とか「どうせ言っても無駄だろう」と思われるかもしれません。確かに今日、明日すぐに家族の態度が変わることはないかもしれません。

でも、片づけ終わったあとはどうなると思いますか？

実際、受講生の中には、家族みんなの片づけ意識が高まった結果、子どもが進んでお手伝いしてくれるようになったという方もいました。さらに、「うちの主人、実はすごくいい人だったんですよ」と話す方もいらっしゃいました。

「実は」って！　とツッコミを入れたくなりましたが、きっとその方の実感だったんだと思います。

「どうせやってくれないだろう」とか「どうせ言っても無駄だろう」、そんな思い込みを捨てて、ご主人を片づけに巻き込めた結果、ご主人のいいところを再発見できたということですよね。

ほら、「片づけは家族を救う」でしょう？

ちょっと大げさかもしれませんが、私は本気でそう思っています。

片づいた心地の良い家は、風通しがグンと良くなって、自然と「ありがとう」が生まれます。家族に伝えた「ありがとう」は、いつかまた「ありがとう」になってご自身に返ってきます。

「ありがとう」がたくさん飛び交う家――そんなご家庭が少しずつ増えていってくれたらこれに勝る幸せはありません。

西崎彩智

二〇二三年十一月

謝辞

今回の出版にあたり、あらためて支えてくださっている多くの皆様にお礼を申し上げます。


この本のベースは、家庭力アッププロジェクト®を受講された2000名以上の方々の実体験に基づいて出来上がったものです。たくさんの写真を提供してくださったり、さまざまなエピソードを教えてくださったり、快くエピソードや写真を提供してくださった皆様ありがとうございます。皆様のリアルな暮らしと日々の努力の積み重ねが、読者の皆様の希望となることを確信しています。

受講した自分の経験をもとに、リアルな体験や暮らし方をさらけ出しながら受講生さんをトレーニングし続けて、常に受講生に寄り添いながらサポートし続けている鈴木玲子さんと講師のみんな。

私たちHomeportの理念の一つ「人に愛を、仕事には情熱を」を常に体現しつづけてくれているHomeportスタッフのみんなとそのご家族。感謝を伝えても伝えきれません。

また、出版のご縁をつないでくださった放送作家 野呂エイシロウさんにも深くお礼を申し上げます。


それからいくつになっても家族でワンチームを貫いてくれている可絵と武甫。そして最高のパートナーの博ちゃん。これから家族の形がどのように変わっていっても、あなたたちが私の人生の原動力です。

最後に、これまで私の人生に登場してくださった全ての皆様に心から感謝申し上げます。

著者略歴

西﨑彩智(にしざき・さち)

株式会社 Homeport 代表取締役。お片づけ習慣化コンサルタント。
大学卒業後、住宅メーカーに勤め、家の仕組みを整えることと家族の生活動線の大切さに気づく。結婚後、20 年専業主婦を経験したが離婚。働きながらシングルマザーとして子ども 2 人を育て始める。離婚後、心機一転するために家を片づけ、親子 3 人が気持ちを一つにして、新たな一歩を踏み出すことになる。

その後、ヨガスタジオの店長として、スタジオに通う多くの女性たちの相談に応じるなかで、いかに多くの女性たちが家事、育児に多くの時間を取られ、疲れ切っており、自分の時間を持てていないかを目の当たりにする。自らが「片づけ」を通して、人生が好転していった経験を踏まえ、女性たちの負担を減らし、充実した人生を送るためのお手伝いをしたいと考え、株式会社 Homeport を立ち上げる。その後、再婚し家族の輪を広げる。

「片づけが習慣化する」ことで人気を博している「家庭力アッププロジェクト®」の講座には、世界各地から参加する女性たちが後を絶たず、修了生は 2000 名を上回る。さらに、ビジネスシーンや教育現場での「片づけ学」へのニーズに応えるため、「家庭力アッププロジェクト®」は「サチアップ」へと改称。女性向けのみならず、「for Business」「for Education」と 3 種の講座を擁する総合ブランドへと拡充し、活躍の場を広げている。「ママだけが頑張らない」「性別に関わらず家族がチームになる」ためにできることは何かを日々考え続けている。

部屋がゴチャゴチャで、毎日ヘトヘトなんですが、
二度と散らからない片づけのコツ、教えてください!

2023 年 11 月 26 日　第 1 刷発行
2024 年 10 月 23 日　第 6 刷発行

著　者　西﨑彩智
発行者　徳留慶太郎
発行所　株式会社すばる舎
〒 170-0013　東京都豊島区東池袋 3-9-7 東池袋織本ビル
TEL 03-3981-8651(代表)
03-3981-0767(営業部直通)
http://www.subarusya.jp/
印　刷　株式会社シナノ

乱丁・落丁本はお取り替えいたします。

ISBN978-4-7991-1170-3